テクテク琵琶湖渚を一周してみたら

原田道雄
HARADA MICHIO

幻冬舎MC

テクテク琵琶湖 渚を一周してみたら

プロローグ

時々考えることだが私たちの世代は随分変化の激しい時代を生きてきたと思う。

１９４5年やっと物心のついた小学校二年生の夏に敗戦となった。今から思えばその時全てゼロに近い所から人生は始まった。

中学校は仮設に近く高校は木造でボロボロだった。

高校の時に東海道線が全線電化された。

大学は木の床で下駄をはいて走るなと注意された。

敗戦から16年たった１９６1年に大学を卒業し就職した。まだコンピューターは無く手回し式の機械式計算機を使っていた。

車はほとんど走っていなかった。

車が普及しだしたのは戦後25年がたった１９７０年代からのことだ。

戦後78年後の２０２３年車は溢れ、その後発明されたパソコンや携帯は子供から大人まで使わない人はいない。

そして私も85歳になった。

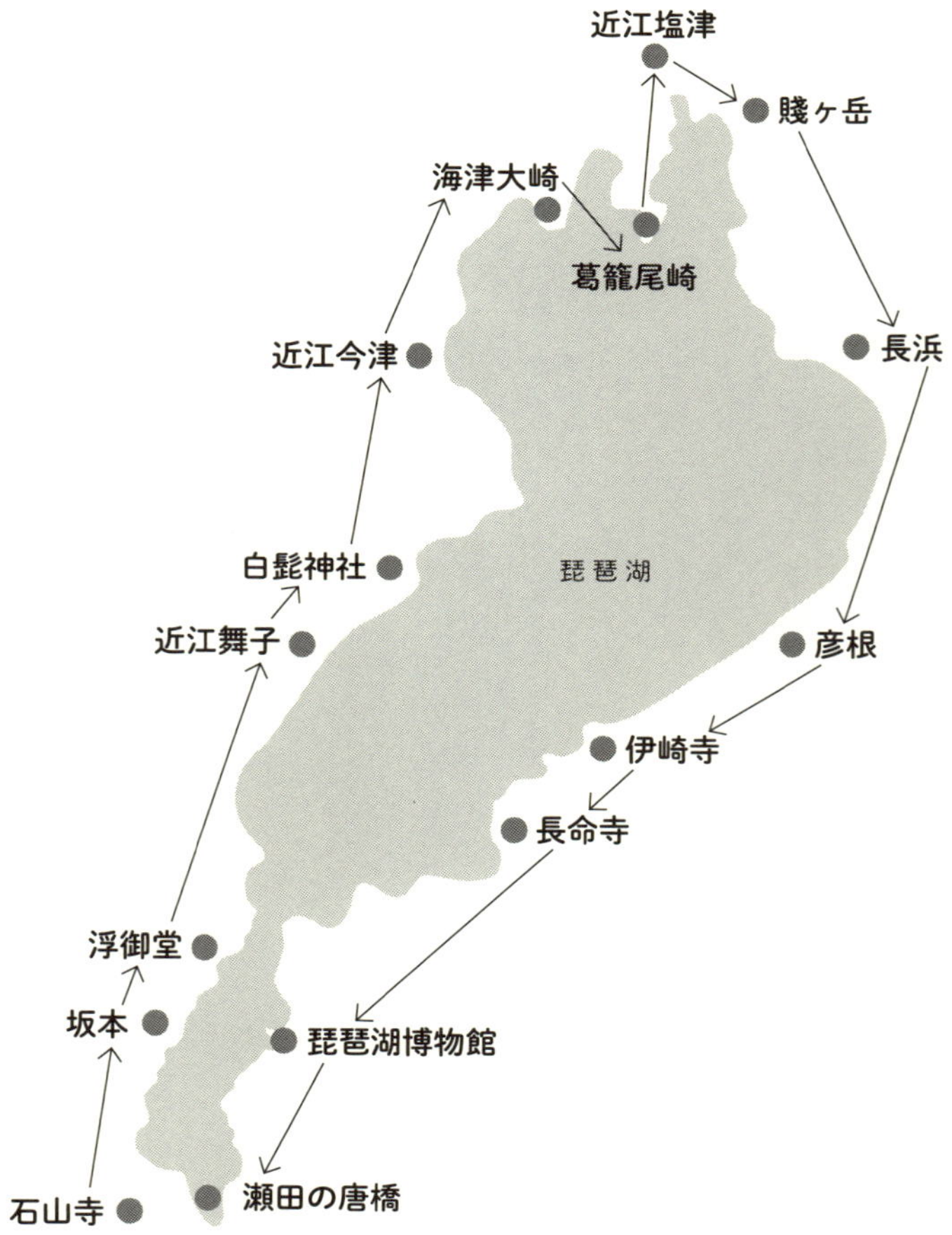

てくてく歩きの全ルート

目次

１～４日目

思い出いっぱいと古代のロマン大津京

歩き旅 1

1月4日（水）

1日目

大津市平津自宅―膳所本町

13, 725歩

今年の正月、ぐうたらしている時にふと思いついたのが、次のような計画だった。

私は土日の休みに天気が良ければ近所を散歩していた。一回1万歩以上で距離にすると数キロになる。

それを連ねて琵琶湖を一周できないものかと。

琵琶湖一周は約240キロ、一回6キロを歩いたら40回で一周できることになる。

数年前から心臓病、昨年夏には脳梗塞を病んだ身だが無理をせずゆっくりと歩き、なにか違和感を覚えたらすぐ止めることにして、どこまでできるかやってみようとその計画を始めることとした。

初日は２０２３年１月４日、琵琶湖から唯一流れ出る川、瀬田川沿いに私は住んでいる。その瀬田川沿いの川岸には緑地兼歩道がある。幅は５ｍぐらいから場所によっては20ｍ以上あって自転車も通れる。水面からは１ｍくらいの高さだろうか。出だしはそれを使って歩いてみよう。

大体の目算では今日の目標は膳所公園、昔の膳所城の跡だ。私が卒業した高校のある所でもある。

途中には同じく卒業した粟津中学の前も通る。

家から５分も歩けば私が通った石山小学校が瀬田川のすぐ傍にある。その頃の瀬田川の水は透明でとてもきれいだったことを思い出す。

先ず最初に通り過ぎる小学校の思い出から語ってみよう。

私の卒業した小学校で松尾芭蕉を知らない人は少ないだろう。か、名前を知らなくても幻住庵《げんじゅうあん》は知っているだろう。

そう幻住庵は近くにある。

私は昭和19年（１９４４年）の春に小学校に入った。

当時は小学校と云わず国民学校と云った。戦争中はそう呼んでいた。国民学校では祝日に天皇陛下の御真影を拝する儀式があった。校長先生が白い手袋を着けて奉安殿と云う校庭にある建物から講堂の前面の祭壇に御真影と教育勅語を厳かな雰囲気の中運び込む。その間生徒は最敬礼をして深く頭を下げたままでいる。そして教育勅語が読まれる。たまにきょろきょろあたりを見回す生徒がいると平手打ちをかまされたりする。小さな子供なので吹っ飛んで倒れる。そんな光景を見ていた。

戦争中とはそういうものであった。

私が住んでいた所は田舎で、戦争は遠い存在に見えた。

田んぼに囲まれた学校だったが空襲の退避訓練をしたりした。布頭巾を被って走って逃げ、伏せをして、目と耳を押さえ口と鼻を指で広げる、それが爆撃に遭った時の対処法でそんな防空演習だった。

また毎晩夜になると〝警戒警報〟が出され〝ブンブン〟と音を立てB‐29の編隊が高空を飛んで行く。灯火管制と云って小さな白熱灯の上から小田原提灯のような黒色の管をかぶせ、薄暗い光の中で、ただ静かに〝ブンブン〟と云う音を聞いて夜を過ごすのであった。B‐29の編隊は琵琶湖を目印にして大阪に向かうといわれていた。ラジオはやがて〝警戒警報解除〟を告げ、〝中部軍情報！　中部軍情報！　敵機は熊野灘を退去せり〟と放送するのだった。大阪を爆撃した後で。

昼は昼とて見上げる空に米軍の戦闘機が飛んで来る。グラマンは翼《よく》の端が直線で、ロッキードは双胴だったので簡単に分かった。あれは〝グラマン〟あれは〝ロッキード〟と子供でも見分けがつくようだった。それが不思議だった。おそらく敵機を識別する事を学校で教えていたのかもしれない。

ある時一機の飛行機が急降下していくのが見えた。3―4キロ先の東レの工場のようだった。

その後から、顔や手に包帯をグルグル巻きにされた人たちが近所の寺に運び込まれてきた。

案外近くに戦争があるのを知って少し怖かった。

これは最近知ったのだが、その爆弾は原子爆弾と同じ形状、大きさで原爆の投下訓練であったらしいといわれている。

そしてある夏の日、大事な放送があると知らされ、父にラジオの前に座らされた。暑い日の正午だった。

当時のラジオは聞き取り難く、言葉も難しかったのでよくは分からなかった。しかし〝耐え難きを耐え、忍び難きを忍び〟の言葉は聞いたような気がする。父の表情からも深刻な状況になった事は感じられた。

夜、親父が神棚に灯明をあげ子供を前に座らせて話をした。日本は戦争に負けて降伏したからどんな事が起こるかも知れないから覚悟をしろ、と云う様な内容だった。後で母親は子供たちにあんな言い方をするなんて…と言って強く批判していたが。母親は強しだ。

そうして戦争は終わり全てが急激に変わっていった。

古い教科書は何か所かが墨で黒色に塗りつぶされた。そのあと新聞紙状のものが配られ、自分で折ったり切ったりして教科書として使っていた事もあった。戦中戦後は食料品不足で小学校の校庭はサツマイモ畑となった。学校の横にはまだ水車もあった。

それが小学校の思い出である。

そこから一時間ほど歩くと粟津中学がある。その湖岸寄りの緑地を歩く。ここまで行くと瀬田川は終わり琵琶湖になる。

私が粟津中学に入学したのは戦後5年目（１９５０年）で6、3、3制の新制中学も出来たばかりでバラックのような校舎だった。湖岸側は道路を建設すべく埋め立てが始まりその外は琵琶湖だった。中学の敷地の山手真横は、旧東海道、当時の国道一号線で昔ながらの松並木が残っていた。

粟津の地名は木曾義仲が討たれた地としても有名である（１１８４年、壇ノ浦の戦いの1年前）。近くには義仲に仕えた武将、今井兼平の塚もある。少しばかり先には義仲寺があって義仲の墓がある。

が、私の中学の思い出はもっと他にある。

私は中学校時代野球部に入っていた。当時はまだ食糧難も続いていて、食料は乏しかった。野球部の練習は毎日遅くまであって冬場は暗くなってから電車に乗り終点から歩いて家に帰る。近所にもう一人野球部員がいて一緒だった。帰り道の半ばぐらいに石山寺がある。腹が減ってバテた私たちは石山寺の石段に座ってしばし休むのだった。13、4歳の中学生なのに腹が減ってばてるのだ。その甲斐かどうかは分からぬが私たちの中学は結構強かった。滋賀県を四分して地区予選がある。私たちの中学は何度も予選を突破していたが、滋賀県一にはなったことがなかった。

2年生の秋、私たちのチームは米原まで遠征した。遠征とは大げさに聞こえるかもしれないが大津は滋賀県の南部、米原は北部に近い。

SLの列車で出かけた。東海道線が全線電化されたのは私の記憶ではそれから3―4年後の、高校生時代の話である。

それは私たちのチームが滋賀県の決勝戦を戦うためであった。

試合はさすが決勝戦、両チームのピッチャーが好投し無得点のまま後半戦に入った。とそこで我らがエースI君が3塁打を打った。I君はエースでありかつ4番を打つ強打者であった。わがチームの監督は数学のN先生だった。

そこで監督はスクイズのサインを出した。しかも3バントスクイズである。サインは簡単でベンチから〝三遊間に打て〟と声を出すことだった。皆で〝三遊間に打て〟〝三遊間に打て〟と大声を出した。打者も理解してスクイズを成功させた。

そしてその一点を守り切って滋賀県で優勝したのである。

わが校としては初優勝だった。

終わった瞬間全員の喜びが爆発した。うれしい、うれしい、うれしい、心の底から喜びがわき幸せになった。

再び列車に乗って凱旋した。学校に帰り着くと校長先生が待っていてくださった。そして校長室の前の廊下に全員が並んでジュースをコップに注いでもらって乾杯し祝福してもらった。ついでに言うなら当時のジュースはサッカリンかズルチンの甘味料入りだったと思う。とこんなことを70年以上たった今でも私の人生の中でうれしかった事の上位として思い出すのだ。

粟津中学の前を過ぎると膳所城の跡、膳所公園が見えてくる。

そこまで行く真ん中あたりに昔は御殿ケ浜水泳場があった。文字通り膳所の殿様ゆかりの名前だろう。中学の時そこを起点とする遠泳大会があって私も参加した。

この辺りでは琵琶湖もまだ狭く対岸まで一キロあまりである。それを往復するコースだった。私は野球部であまり水泳はやらなかったが、子供の頃瀬田川を渡って往復するのが夏休みの楽しみな日課で水泳には自信があった。

が泳ぎ終わって陸に上がるときに重力を感じてふらついた。

相当くたびれたなと感じたことも思い出す。

しかし今は琵琶湖が汚れ水草が繁茂して泳ぐことはできなくなった。

城跡を囲む堀も今は埋め立てられて幹線道路となり周りには立派な木製の遊歩道もできている。

そこから山手に向かうと膳所神社、膳所高校があって懐かしい思い出の風景だ。
その前の京阪電車の膳所本町駅から帰途に就いて先ずは一日目を終えた。

歩き旅 2

1月7日(土) 2日目

膳所本町―大津市役所前

16,306歩

今日は七草粥の日だ。子供の頃〝セリ、ナズナ、ゴギョウ、ハコベラ、ホトケノザ、スズナ、スズシロこれぞ七草〟という風に覚えたものである。スズナは蕪《かぶ》、スズシロは大根だ。だが今朝は何も食べずに出掛けた。

今回はこの前第一回目の帰りに乗った京阪電車の膳所本町駅に向かう。膳所本町は京阪電車の石坂線（石山寺―坂本）の真ん中辺、旧膳所城の本丸（現在は膳所公園）が在った場所の近くだ。駅を降りて2―3分歩くと膳所高校の校門の前に出る。道路を挟んで反対側は膳所神社、私はこの膳所神社に思い出がある。

というより膳所神社の太鼓にだ。

昭和31年春、（1956年、57年前）我が膳所高校は選抜高校野球で選ばれて甲子園に出場することになった。

前年から有望視されていて秋の近畿大会の応援にも行った。

その結果次第で選抜に選ばれるかどうかが決まるので近畿大会は大変大事な大会なのだ。そしてその大会で好成績を残して、わが膳所高校はセンバツ高校野球の出場の機会を得た。

ただこの年の3月までは校名は大津東高校だった。

さあ大変！　日ごろから学業はともかく野球はそれほど強くなかったから何もない。応援団がない。慌てて作ることになったが先ずやり方も分からない。生徒会長のT君を中心にして何名かが協力し合い、寄付を集め応援の旗を作ったりした。応援のやり方も膳所公園で大声を出して練習した。

太鼓も必要だということになり、膳所神社から大太鼓を借り受けて甲子園のアルプススタンドに持ち込んだ。私たちにわか作りの応援団は大声を出して頑張った。

私は太鼓をたたく係だった。

手に肉刺《まめ》を作り3、3、7拍子、チャンスが来たら太鼓連打と頑張った。そこで分かったことは太鼓係には野球を見る暇がないことだ。何しろずっとスタンドの応援団を見ているのだから。

肝心の試合だが対戦相手は強豪中京商業だった。そして我が校は健闘して終盤七回に一点を返し一対一の同点となった。

〝えらい事や〟

〝勝つかもしれんぞ！〟

我々は必死で応援し盛り上がった。

そして同点のまま延長戦に入って夕闇が迫る中、さすがの伝統強豪校十回の裏に一点を入れられサヨナラ負けを喫した。

甲子園は終わった。しかし戦ったチームも応援していた人たちも健闘むなしく敗れた悔しさよりも、何かしらの達成感満足感を覚えていたような気がする。いい意味でのよくある目的と手段の勘違いが起こっていた。

その年、中京商業は選抜野球大会で優勝し、私は大学入試に落ちた。

後日談としてその時のチームの投手のI君はプロ野球の阪神タイガースに入団し、サードのK君は南海ホークスに入った。当時の阪神タイガースの監督は村山実監督でI君は一軍には昇格したものの甲子園でホームランを一本打っただけが実績で大成できなかった。村山監督から〃あんなに熱心に練習する奴は見たことがない〃と言われていたのだが。

K君は順調に一軍に上がってうまく行くかと思われていたのだが、ある試合で2塁打を打って2塁に滑り込み足を怪我してそのまま選手生命を絶たれたそうだ。二人とも顔見知りだったので後年本人たちから聞いた話である。

さて膳所神社から真っ直ぐ琵琶湖に向かうと膳所城の跡である。膳所城は1601年（424年前）に徳川家康の命で藤堂高虎が建てたとされているが当時の建物の一部は彦根城に移築され壊され、今は最近作られた門以外は何も残っていない。

城跡公園の横にはK、とFという貸し船屋さんがあった。

その貸し船屋さんは今でも残っていて営業している。当時は櫓で漕ぐ和船や手漕ぎボートの貸し出しだったが、今はバス釣り用のモーターボート等を貸し出している。

高校には科学班と云ういわゆる部活があって、私も入っていた。そこでは琵琶湖の水質分析をしていて、塩素イオン濃度と溶存酸素量を毎日測っていた。私は塩素イオン濃度の担当で、ビューレットというガラス製の容器を用い、硝酸銀溶液で分析していた。今だったら一瞬で測れるのだろうが、当時はある程度のスキルが必要だった。

毎日膳所公園の湖畔の水を採取していたが、夏休みは和船を借りて、琵琶湖の対岸から何か所かを定めて琵琶湖を横断的に調べるため採水する様な事もあった。その時は和船に乗って採水を行う。だから私たちは和船も漕ぐ事ができたし、貸船屋に馴染みもあった。当時はまだ水質も悪化していなくて、泳ぐ事もできた。今はもう水草や藻が茂って、とてもじゃないが泳ぐ気になれない。又当時の分析の結果は、今となっては貴重な資料だと思うのだが、どうなったのだろうか。

私は琵琶湖一周の歩き旅一日目の1月4日から瀬田川・琵琶湖のすぐそばを歩いて湖水を覗いて来た。今は最悪期に比べるとある程度水質は改善されて水中が見える。だがその結果がひどい。魚の泳ぐ姿が一匹も見えないのだ。

子供の頃、手作りの竿で小さな魚を釣った頃が懐かしまれる。琵琶湖は約400万年前にできた湖で、世界ではバイカル湖に次いで古いと云われている。そのため固有種も多い。子供の頃は、必ずボテ（タナゴ）やハヤ（オイカワ）の姿は群れで見ることができたのに。水質は悪化しても、頑張れば富栄養化《ふえいようか》は元の状態に少しは戻すことはできる。

だが一度変化した生態系はどうにもならない。今や瀬田川や琵琶湖の南湖の魚は、ブラックバスとブルーギルがほとんどで、在来魚、特にボテやハヤはその姿がない。

戦後の発展の中で、琵琶湖は広大な範囲を埋め立てられ、その分湖岸はきれいに整備された。しかし湖水の富栄養化は進み、水面、水中、湖底は激変した。我々は今やその中に居る。文明の進歩は経済や諸々の設備を変え、人間の生活は昔に比べてはるかに豊かに便利になった様に思える。だが経済発展や文明化を進める人たちに比べると、環境問題や自然保護を訴える人の声は小さい。昔に比べると、今はそのような学者の意見に耳を傾ける傾向も増えてきた。が、実際に生態系に変化が起きてしまったら元に戻しようがない。誰か賢い人が現れ、ブラックバスを無くし昔の生態系に戻すことができたら、それはノーベル賞ものだろう。

このあたりから大津にかけては学生時代の面影は一切ない。

先ず真横には近江大橋がかかった。

全長１３００mの片側2車線の橋で昔は湖上を船で行き交いしていたのがあっという間に渡れる。最初は有料だったが10年前には無料となった。

昔は矢橋から大津への渡しがあって〝急がば回れ瀬田の唐橋〟の謂れの元となった。冬には季節風が強く吹き波立つこともあったのであろう。

近江大橋を北に向かうと埋め立て地に〝なぎさ公園〟という緑地ができ巨大な砂浜も作られた。その次には滋賀県で一番高いビル〝大津プリンスホテル〟がある。丹下健三氏の設計になる。その琵琶湖沿いには今は季節でないが芝桜の大きな花壇が続いていて、時期になると楽しむ人で賑わう。

膳所公園から大津方面に向かう一帯はまさしく大開発の跡地で、大きなホテルも二つ、その間にオペラハウスまである。

オペラハウスは発展開発の象徴だ。その内陸側、昔の湖岸線のあたりに義仲寺があってそこには木曾義仲の墓と並んで芭蕉の墓もある。

〝木曾殿と　背中合わせの　寒さかな〟

は芭蕉の門人が生前に詠んだ句で芭蕉は〝義仲寺に葬られたい〟と遺言を残していた。

同じく〝旅に病んで　夢は枯野を　かけ廻る〟

は大坂で詠んだ辞世の句と言われている。

義仲寺にはその句碑がある。

松尾芭蕉は１６９４年11月（約３３０年前）大坂で亡くなったが遺言により大津の義仲寺に淀川を遡って運ばれ葬られた。

１６９０年に

〝行く春を　近江の人と　惜しみける〟

と詠んでいて近江の義仲寺をとても気に入っていたのだろう。

話を元に戻して湖岸を歩く旅は浜大津（大津港）に出る。今は冬、遊覧船は岸に係留されている。近くでみると結構大型で格好もスマートにできている。

昔大津は京の都への琵琶湖を通る物流の大拠点だった。

だが今は観光地である。

大津港を過ぎると湖岸に道はないので内側を歩く。この辺りはスポーツ施設が集まっていて広大なところ一帯を皇子山と呼んでいる。

その昔の大津京に因んだ地名なのだろう。

その中で皇子山競技場は毎日マラソンのスタート、ゴールとして親しまれていたが今はそのレースも無くなった。

ここで雨が降ってきたので歩くのをやめて帰るため京阪電車に乗った。駅は大津市役所前駅だった。

歩き旅 3

1月15日(日)
3日目
大津市役所—穴太

18,390歩

私は先ず湖岸に出ようと思って琵琶湖中に延びた岬の柳が崎に向かって歩いた。柳が崎にはヨットハーバーやバラ園があって観光客が多い。だが今は冬、季節ではなくただ寒くて人影も無い。そこからは真っ直ぐな道が近江神宮に延びている。

近江神宮は、今は使わない暦で「皇紀2600年」の1940年に建てられた官幣《かんぺい》大社である。祭神は天智天皇、その歌

〃秋の田の　刈穂の庵の苫をあらみ　我が衣手は露に濡れつつ〃

が百人一首の一番になっている事にちなんで毎年1月にかるた祭が開かれて、名人やクイーンが決定される。今年はもう終わったのかも知れぬ。

私は何年振りかで鳥居をくぐって近江神宮の石段を登った。下の石段を登った中段で、門松や古いお札を焼く焼納祭が行われていて、高い炎が空中に立ち昇っていた。

いわゆる田舎の左義長《さぎちょう》まつりのようなものである。

そういえば今日は1月15日小正月だ。

上段に登って行くと、日本で初めて設置された水時計（漏刻）の復元模型があった。これはなんとスイスのオメガ社から寄贈されたものであった。ということは天智天皇が世界で初めて水時計を作ったのかな。

このあたりは大津京のあったとされる場所である。

大津京について言えば、中大兄皇子《なかのおおえのおうじ》について先ず語らねばならない。その人生は19歳の頃に蘇我入鹿を暗殺するなど、波乱のスタートだった。大陸の唐や新羅に滅ぼされた百済の復興のために出兵し、九州で指揮を執っていたとされるが、663年の白村江の戦いに敗れた。667年に飛鳥から大津に遷都し、翌年皇位に就いた。天智天皇である。

万葉集にある、天智天皇が蒲生野で狩りをされた時に歌人の額田王《ぬかたのおおきみ》が作ったとされる

〃茜さす　紫野行き標野行き　野守は見ずや　君が袖振る〃

に対する、天智天皇の弟の大海人皇子（後の天武天皇）の返歌。

〃紫草の　にほへる妹を憎くあらば　人妻ゆゑに　我れ恋ひめやも〃

いにしえの、のどかな世界を彷彿とさせる。でもこの時代は壬申の乱があった

波乱の時でもあった。

　天智天皇が病床に伏す中、弟の大海人皇子は天智天皇の子である大友皇子を後継に推挙し、自らは奈良の吉野に出家した。天智天皇が崩御ののち大友皇子が跡を継いだが、そのとき大海人皇子は、近江の朝廷が自分の命を狙っているという情報を得た。そのため大海人皇子は兵を挙げ、美濃から伊賀、熊野の豪族の信を得て、近江の朝廷に立ち向かった。その数2～3万人と云われている。と、ここまでは講談師の話のようだが。

　乱のあと皇位についた大海人皇子が命じて作られた古事記の記述による話であるので、ほとんど真実に近いものだろう。672年に起こった内乱なのだが、その大兵力や範囲の広さを考えると、とても想像もつかない大内乱だったのだ。

　乱は最終的に瀬田の唐橋を挟んだ戦になり、朝廷軍が敗れ、大津京は終わった。大津京はたった5年間だけしか存在しなかった。大海人皇子は天武天皇として即位し、都を飛鳥に移した。

一通りの参拝を終えて、石段を下りながら左の側道に出た。

このあたりは滋賀里と呼ばれる地域である。いわゆる大津京があった辺りだと伝わっている。今は住宅地が広がり、大津京の痕跡は何もない。柿本人麻呂が、大津京の跡を通った際に詠んだとされる歌に

〝淡海の海　夕波千鳥汝が鳴けば　心もしのに　いにしへ思ほゆ〟

とある。その時は大津京が無くなってからそれ程経っていない頃と思われるのだが、すでに大津京の痕跡も少なかった様に思える。

今は大津京の面影は全く残っていないのだが、唯一のよすがとして、山手に崇福寺の跡がある。崇福寺は天智天皇により668年に創建された寺院である。従って大津京とは深い繫がりがあると云われている。私は跡地を訪ねた事がある。そこは山の中にある平地であって、当時の建築は柱の下に礎石を置かなかったため、規則的に置かれた石などは無い。だが1938〜39年に実施された塔心礎《とうしんそ》

の発掘調査により、舎利容器等何点もが発掘された。現在は京都国立博物館に寄託され、国宝に指定されている。木々の生い茂った山中の平地ではあるが、何か歴史を感じさせる。崇福寺跡こそが、全て消え去った大津京のかすかな残り香の一片である。

〝琵琶湖周航の歌〟と云うのがある。旧制第三高校（今の京都大学）のボート部で作られた寮歌である。滋賀県では広く愛されていて、知らない人はいない。その一番は次のようである。

〝われは湖《うみ》の子　さすらいの　旅にしあれば　しみじみと
昇る狭霧《さぎり》や　さざなみの　志賀の都よ　いざさらば〟

私は琵琶湖周航の歌の一番から一周の旅を始めたとも言える。これからどのような旅が待っているのか分からないが琵琶湖周航の歌は何処まで回ったかの目安にもなりそうだ。

この日の終りには穴太《あのう》近くの友達のT君の家に寄って、おいしいお茶をよばれてから帰途に就いた。

歩き旅 4

1月21日（土）

穴太ー雄琴

4日目

15,578歩

一昨日と昨日は雪が少し降って自宅近くの千頭岳《せんずだけ》や袴腰山は白くなっていた。

今日は京阪電車石坂線（石山寺〜坂本）の穴太《あのう》駅より歩く。坂本に向って旧道を歩くがそこは立派な石垣が連なる風情豊かな道である。さすがに穴太衆の古里と感じさせる。穴太衆とは古墳時代から続いているとも云われる石積のプロ集団だ。戦国時代には安土城の石垣を積んだり、金沢城や彦根城も穴太衆の作と云われている。その技術は現在にも続いていて、一部ではあるが新名神高速道路の建設にもかかわったそうだ。

私はそれを知り、古い技術を使い続けて後世に残す日本の伝統の心温まる一例として、拍手を送りたい気分になった。

石垣を見て美しいと感じるのは、自然石を一つ一つ積み手造りによって出来上がったものが、見ている人の心に無意識に湧きあがらせる無言の力なのだろうか。坂本に向かう道は、そのような美しい石垣が増えて来る。

山手には紀貫之の墓もあるようだが、そこ迄は登る気がしなくて省略する。

この辺りは琵琶湖の対岸に三上山が美しい形で見える。

大津京の時代の人たちも同じ姿を見ていたかもしれぬと思うとなお印象深い。

そして坂本の町に入ると先ずは、比叡山に上るケーブルカーがある。そう坂本は比叡山延暦寺にお参りする表口で延暦寺の門前町であったのだ。坂本には比叡山から隠居した僧侶が住む里坊が五十以上もある。

続いて、全国三千八百の分社の総本宮日吉大社の鳥居が見えてくる。日吉大社には大津京にまで遡れる歴史がある。

坂本は日吉大社の門前町でもある。

日吉大社から湖岸に向かうが坂本の街並みは京都以上に古さを感じさせ両側に

穴太積みで囲まれた里坊が並んでいる。

少し北には明智光秀の墓所である西教寺もあるが今日は足を延ばす余裕はない。

その里坊群の中程にある有名な〝鶴㐂《つるき》そば〟で昼食を食べる。さすがに旨かった。

有名であるから努力もしているのだろう。

坂本から雄琴に近づくと苗鹿《のうか》の街を通る。古い街並みが残っていて歩いていても見飽きない。

雄琴迄旧道を歩いて湖西線の雄琴駅、と思ったら駅は山手でその登りがきつい。一緒に歩いていた地元の人でも辛いそうだ。やっと登り切って四日目終了。

5～8日目

小野妹子の墓から砂浜の湖岸へ

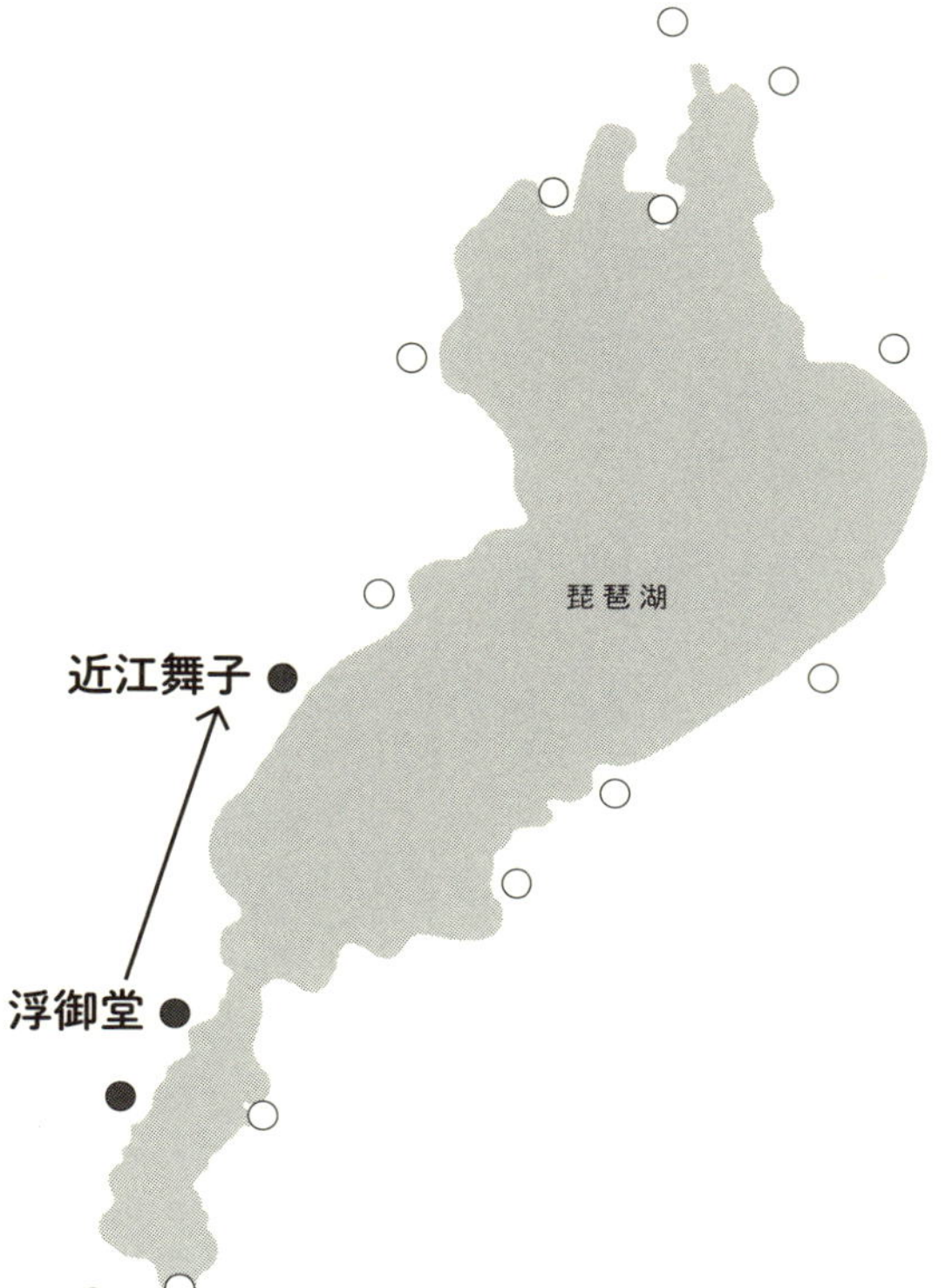

歩き旅 5

雄琴―小野

1月29日（日）

5日目

19,190歩

5日目は有名な堅田の浮御堂を通る。浮御堂は湖上に橋を架けその先に建てられた寺院のお堂だ。その満月寺は臨済宗大徳寺派の禅寺で平安時代にできた。

この前二十四日には大津市の南端にある我が家の辺りでも雪が降り積もった。芝生や植木の枝がすっかり雪に覆われて真っ白の世界、年に一度か二度の珍しい景色となった。

出発の湖西線雄琴駅の辺りではまだホームや線路に雪が残っている。雄琴駅の周辺は近代的な住宅地となっていて、新しい家と整った道路が続いている。

しばらくして湖岸よりにルートをとると急に古い落ち着いた家並に入った。湖岸に向かって進むとその先が浮御堂である。ここに来るのはいつ以来だろうか、入場料を払って入る。

浮御堂からは琵琶湖の南湖が一望できる。ここでも正面は三上山だ。浮御堂は琵琶湖上に浮かぶように建っている。

入口の門が少し変わっている。白壁で塗られていて一見異国風だ。宇治の黄檗《おうばく》山に似ている。湖上のお堂を歩いて回ってみるがまだ周りに雪が残っていて風もあり寒い。

すぐ横に魚清楼《うおせいろう》という旧い鴨料理屋がある。食事ができないかと一応問うて見たが今日は日曜日、予約がないと断られた。でもしばらく旧道を歩いていると仕出しと食堂をかねた店の前に出て、そこで昼食をとった。結構おいしく何か得をしたような気分になる。

しばらく歩くと琵琶湖大橋、その下のトンネルを抜けると道の駅があった。今日は雪も残っていて人影は疎らだ。

琵琶湖大橋は南湖と北湖の境目に架かっている。

歩く旅もこれで南湖（小湖）を終えた事になり一区切りと言いたい所だが、北湖は南湖と比べると比較にならないほど大きくどんな道が待っているか想像もつかない。

次の駅小野迄は湖岸近くを歩いた。まだ雪に覆われていたが、少しばかり琵琶湖の岸辺を味わった。

歩き旅 6

2月4日（土）

6日目

小野－和邇－蓬莱

18,506歩

今日は友人で小野駅近くに住む知人のIさんに同行してもらう事にした。小野駅で無事待ち合わせ、Iさんの近所を案内してもらい、次に小野妹子の墓にのぼった。周辺は大規模な住宅開発が行われ新しい家が建ち並んでいる。小野駅はJR湖西線の駅だが、この団地は関西私鉄の京阪電車が開発した。それも20～30年くらい前の事だ。その中にかなり大きな山地があり、小野妹子神社がある。そのご神体は小野妹子の墓の唐臼山古墳《からうすやま》だ。少し大き目の石が折り重なっている。小野妹子は遣隋使で「日出処天子」（ひいいずるところのてんし）と書いた国書を出して隋の皇帝が立腹した事が有名である。

飛鳥時代に推古天皇、聖徳太子に仕えたと云われている。近くには小野篁（たかむら）神社もある。小野篁は平安初期の公卿《くぎょう》で834年に遣唐副使になったが結局渡唐しなかった。

〃わたの原　八十島かけて　漕ぎ出でぬと　人には告げよ　海人の釣舟〃の百人一首の歌が有名である。

大津市の作った標識には小野小町の何かがあるように書いてあったが行かなかった。小野小町はこの小野の地とは関係なさそうである。日本各地で小野小町の出生地が争われているのだから。小野篁の孫であるとの説があるためだろうが秋田の出身ではないかという事で新幹線の列車の名称こまちにもなっている。どこでも有名人の出生地になりたがり、それを利用する。

新しい家並みの後は旧い街並を歩く。ここは〃わに〃和邇といい旧い謂れがあるような地名である。

和邇《わに》は昔話にある因幡《いなば》の白兎に出てくる和邇と同じ漢字で、何か古代に関係があるようにも思える。因幡の白兎はワニに皮をむかれたところに大國主の命が通り掛って蒲の穂にくるまるように言われ、その通りにしたら傷が治ったと云う話である。この話は神話の世界だが何かの歴史を語っているかのようにも見える。

和邇の街は旧い家並が残っていて落ち着いた雰囲気がある。よく手入れされた庭も多い。人の手が入っている感じだ。

そのあと湖畔に出た所にある和邇の浜は夏は水泳客で賑わうのだろうかそれらしき看板がある。しかし今は冬、人っ子一人いない。

ヨットハーバーやボートの基地等を通って国道に出る。

やっと見つけたハンバーガーの移動販売車で昼食にありついた。

あと少し歩くと蓬莱駅だった。駅についてみると比良山が思ったより間近で、見上げる様な高さだった。今年は雪が多く蓬莱山が白く大きく近くに輝いて見える。

歩き旅 7

蓬莱―志賀―比良

2月12日（日）

7日目

14,918歩

蓬莱から比良の予定。天気晴れ、気温は比較的高く10℃くらいかと思う。出発が遅くなり10時くらいになった、今日の問題は昼食をどこで食べられるかだ。

バスを待つ間に見る瀬田川のボートの練習も日差しが暖かくもう寒そうでない。蓬莱の浜辺は誠にのどかな琵琶湖の風景だ。特に気付いたのは静かな事。本当に音がしない。ほんの小さな波が押寄せる音がきれいにザワザワと聞き取れるくらい。陽光も波に光り春のきざしが感じられる。幸いなことに中ほどに在る志賀駅の山手に食堂があって昼飯を食べられた。

このあたりで蓬莱～打見山のいわゆる比良山が終わり、目の前には堂満岳が見える。まだ白い。対岸には小さくなったが三上山が南に、丁度真向いは長命寺、その左に沖島が見える。渡り鳥の群れが渡りの練習をしていて八の字の形となって飛んでいるのも見える。光のどかな春になり、比良山の白い雪もどんどん減る事だろう。

蓬莱から比良のあたりでは、旧い集落も湖沿いにあり人々は湖と深く繋がっていた様子が分かる。このあたりではいまも水はきれいで、古くから人々は琵琶湖の水を生活用水に使っていたらしくその跡の桟橋がある。まさしく琵琶湖は〝母なる湖〟と言い得る。

蓬莱から比良の辺りは砂浜と松の美しい湖岸が続いていて、古くからの家並もあるが湖岸沿いには新しい別荘が建っている。それも大変デザインの良い立派なものが多い。我が国も豊かになったものだ。今日は歩く距離は短かった。

歩き旅 8

2月25日（土）

8日目

比良―近江舞子―北小松

13,890歩

2月は18、19の土日が雨 23日の祝日も雨で2週間ぶりの歩きとなった。
その間に庭の紅梅は満開となった。
天気予報では曇り、朝起きると日が射していたので、思い切って出発すること
とする。今日は比良から近江舞子を経て北小松迄となる予定だが途中食事ができ
るか分からないのでコンビニで小さい弁当を買っていった。
比良の湖岸沿いは古く立派な家が多い。
三上山は少し小さくなり向いに見えるのは長命寺の山　左に沖島。そしてその
左の北に伊吹山が真っ白に輝いて見える。

今日は気温が低く比良の山頂あたりは雪が降っていると思う。今回の旅の楽しみの一つにしていた近江舞子だが有名な松林を通る頃には冷たい風が吹き雪も舞っていた。なんと舞子は雪だった。琵琶湖周航の歌にある雄松ヶ崎の石碑はちらっと見ただけで、強風寒風の中を進み続ける。

ここは琵琶湖周航の歌の二番の地で歌碑もあるはずだ。それはロマンチックな内容で次のようだ。

松は緑に　砂白き
雄松（おまつ）が里の　乙女子は
赤い椿の　森陰に
はかない恋に　泣くとかや

だが今日は唯々伊吹山が真白く見えるだけ。北風が強く琵琶湖にしては、荒い波が押し寄せてきてわびしい風景だった。

全く人影もなく、ときおり吹雪くなか休める様な状況でなかったので昼食は抜きとする。

夏なら水泳客やレジャーで大賑わいの舞子なのだろうが。

唯々寒く人は居なかった。とその中で珍しく人影があったのが、なんとバス釣りの人だった。バス釣りの人だけは年中どこにでもいる。

観光地はその地のベストな季節に行き楽しむのが本当である。今の私は丁度その逆を行っている訳だ。

近江舞子の松林には、戦争中に松根油を採った跡みたいに斜に筋が入って脂の出たものもあった。

だが戦時中のものが残っているわけはない。新しくつけられた傷なのだろう。

松根油は私の小学生の頃近所に工場があって見物しに行っていた。全く物がない時代で冷却管は竹筒であった。そんな装置で松根油を蒸留して航空燃料を作ろうとしていたのだ。冷静に考えれば、もうそれ丈で戦争の続行は不可能と分かったに違いない。

ただ比良から近江舞子北小松のあたりは松林に白い砂浜が続いて水もきれいで、琵琶湖の水辺のレジャーの聖地になりつつあるようだ。ボートや水上バイクの基地が思ったより多くみられる。

又湖岸の建物も別荘らしきものや保養所らしきもののほとんどが驚くほど立派なものである。そしてこの寒さというのに大阪や京都の車が駐まっている。要するに出掛けて来ているのだ。夏のレジャーだけでなく、冬でも湖畔に来るだけで安らぐのだろうか。琵琶湖は夏も冬もいいところの様だ。

琵琶湖の西岸は大体山が迫って来て平地が少ない。

その分、山からの土砂は直接湖に注ぎ砂浜ができる。琵琶湖の東岸はその逆で葦の生える湖岸が続いている。

目的地の北小松の駅前は大掛かりな湖西バイパスの工事中で巨大な橋脚部だけが真ん前にデンデンと並んでいる。

丁度北小松駅の駅前広場あたりにだ。でもその前にある暖かそうな喫茶店を見付けた。私は転がり込むように入りコーヒーをたのんだ。電車の時刻迄時間があったので私は今回の企てなどをカウンターの奥のおばさんに話したりした。しかしあまり興味は無いようだった。

とにかく寒い中を歩いて後一息吐けてほっとした。
これで8日目にしてやっと大津市が終わり次は高島市に入る。

9 〜12 日目

老舗の鮒ずしと周航の歌誕生

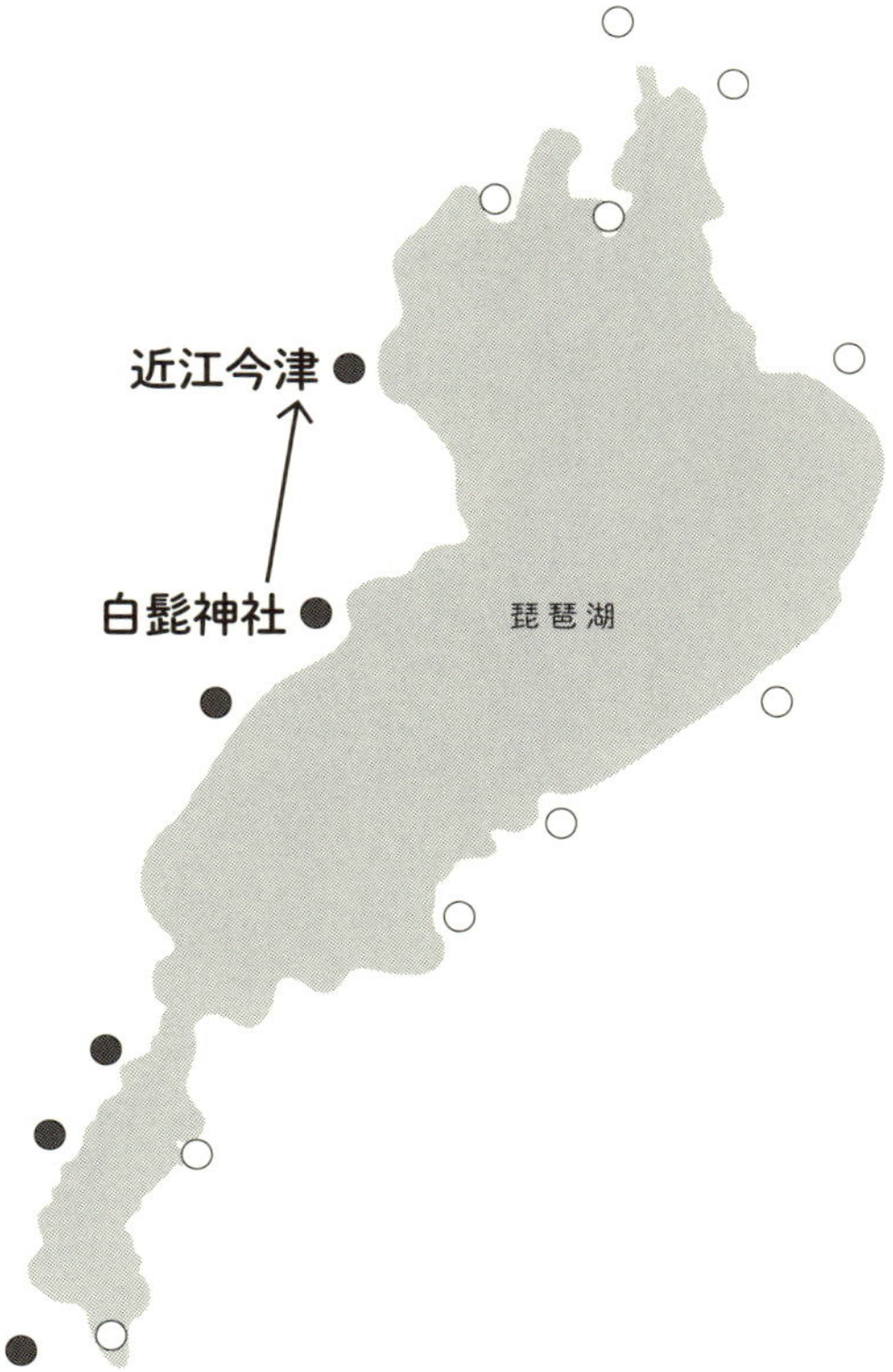

歩き旅 9

3月4日（土）

9日目

北小松―近江高島

18,394歩

大津市を抜けるのに八日も掛かるとは思ってもいなかったが、今日はいよいよ大津市を出て高島市に入る事になる。

先週に比べるとかなり暖かい。ようやく冬が去り、春が来たなと云う気がする。天気は晴れたり曇ったり。気温が10℃を下回るか超えるかで体感は変わる様だ。この前寒さの中、救われたように入った喫茶店にまた寄ってコーヒーを飲んでから出発した。北小松からは道路は平凡である。

ただ途中の白髭神社は旅の目標では大きな目安の一つだった。湖中に赤い鳥居があるので有名だ。

白髭の手前を歩いていても結構水上バイクの基地がある。

暖かくなったら急にビワイチ（自転車で琵琶湖を一周する人）が増えて来た。今迄全く出会わなかったのに今日は集団や個人の自転車に次々と会う。ビワイチは私の逆方向で反時計回りに走るので、自分の正面から走って来る。暖かくなって皆やる気になったのだろう。

今日の歩行予定はいつもより長いので頑張って歩いている。

やっと白髭神社の鳥居が見えてきた。湖中に立っているので遠くからも見やすい。一つの目標が見えるとホッとするのはこの旅を通してのならわしになってきた。白髭神社の手前にはそば屋や食堂があるのが分かっていたので今日の昼食は楽ちんだった。十割そば白髭の看板の店に入ってざるそばとサバ寿司を食べたがおいしく大満足だった。店は丁度観光スポットの前にある事もあり客で賑わっていた。

今日初めていつもは車で通り過ぎる白髭神社に立ち寄った。思ったよりはるかに立派な神社で社殿や何もかもが想像を超えていた。神主さんも忙しそうに立ち回り参拝客も多かった。私はオミクジを引いたが中吉だった。看板には近江で一番古い神社と書いてあった。

神社を過ぎた辺りで〝旧道〟の案内があったのでその道をたどった。旧道というのは、昔この辺りの琵琶湖は急峻な崖で道路が作れず山側に迂回していたのだ。古い道には決まって石垣が残っていて、昔の人の歩くさまを想わせる。途中に古い石仏の群れがある墓地を通った。そこには、多くの太平洋戦争の兵隊さんたちの墓もあった。このあたりからも多くの人たちが出征したのだったろう。子供の頃私の母が近くの家をしばしば訪問しているのを知っていた。なぜだかよく分からなかったのだが今は分かる。家から少し離れたところに我が家の墓地がある。墓参りに行くたびに兵隊さんの細高い墓石の前を通る。二つ並んで立っていて何れも太平洋戦争でルソン島で亡くなったと記されている。それは兄弟の墓で私の母がしばしば訪れていた家の息子たちだったのだ。

旧道を抜けたあたりには万葉の歌碑があった。奈良時代からの道であったのが分かる。

やがて道はひらけて大溝城の跡地あたりに出る。乙女ケ池という大きな池があって池の中をジグザグと進むように大変立派な木造の橋が架かっている。税金は豊かに使われているようだ。大溝城は信長の息子たちが城主を務めた湖西の要衝であった。

そして目的の高島駅には到着したのだが私は先を急いだ。その先には有名な鮒寿司屋さんがある。この旅を始めてから私は要所でいい店があったら親しい友人たちに便りと共に品物を送りたいと思っていた。丁度この鮒寿司屋さんはぴったりそれに当たる。四百年続いたと云うその店は百匁《もんめ》百貫千日つまり〝百匁の鮒ずしに百貫の重しを乗せ千日間漬ける〟がうたい文句であった。

今日は初めて高島市に入り一つの念願もはたせたようで満足して帰りの電車に乗った。

歩き旅 10

3月11日（土）

高島―新旭

10日目

17,357歩

今日は3月11日　気温が20℃を超えて大変暖かい日になった。この前迄10℃を切っていたのがたった2週間で急に早春を通りすぎて桜の時期のようだ。庭の紅梅はもう盛りを過ぎたが、まだ花を残していて、その手前の白のしだれ梅が八分咲きになった。もう春が訪れてそのうち庭で騒いでいたひよどりも来なくなることだろう。

天気は良いのだが黄砂が飛んでいて、何もかもぼやけて見える。春霞だ。

庭の八分咲きになったしだれ梅の横で靴を履いて出発の準備をした。今日は途中で安曇川《あどがわ》のあたり比較的街中を通るので、弁当は用意せずどこかで食べるつもりで出かける。携帯電話を忘れたので取りに帰ったら充電が切れていた。結局途中で乾電池から充電する道具を買った。

今日は10日目だが、いつも出掛ける時何かしらトラブルがあったような気がする。

バス停に行く途中の小学校横の川は昔から流れていて、当時は水車もあった。わたしは小学生の頃魚つかみをしていて、大変きれいな魚を捕まえた記憶がある。きっとパーマークがきれいだったのだろう、多分アマゴだ。そんなきれいな環境が残っていた時代だった。今も水は澄んではいるものの魚の姿は全く見えない。瀬田川で釣りをする人は、バス釣りばかり。魚はブラックバスとブルーギルだけが棲んでいるらしい。生態系が子供の時と劇的に変わったということだ。

バスを待っていると車がビュンビュンと通り過ぎていく。

正しく車の時代になって何もかもが変ってしまった。

子供の頃と変わった事では車以外ではパソコンと携帯電話がある。ＡＩも出てきた。これらが人類の将来をどう変えて行くのだろうか。

高島に行くには湖西線に乗るのだが結構利用している人たちは多い。途中の蓬莱の辺りでは、黄砂が飛んでいて湖の反対側、湖東の辺りはほとんど見えない。

前回の終わりに有名な鮒寿司屋に寄った。電車の時刻が迫ってきたので店の人に車で送ってもらった。その時近道を通って駅に行った。

今日は高島駅からその時の近道を通って旧市街を抜け安曇川に向かう。旧市街は大溝城の城下町で、その雰囲気が残っている。特徴的な所は町の道路の真ん中に石垣でできた水路があって水が流れていることだ。

鮒寿司屋で聞いた話ではこの水路が雪の積もった時に雪を流すのに大変便利だという事だった。あらかじめ積雪を予想して造ったものだろうか。信長の時代の知恵だ。またそれがこの町に風情を添えている。

話は変わるがこの旅で、大津市街を通り過ぎ堅田の琵琶湖大橋を過ぎた頃から出会った地元の人に〝今日は〟と挨拶をするようになった。人通りの少ない田舎では人に会うと挨拶するのは習わしとなっているのだろうか。

高島の旧道を歩いていると大津とは違った雰囲気を感じる。

まだ昔ながらの折りたたみ式の床几《しょうぎ》のついた家を何軒も見る事ができる。この辺りは一昔前の商店街だったようだ。その商店が次々と閉まっていって、空き家のような寂しげな家が幾つもある。看板を見ていると畳屋、表具屋そして食料品店。すでにその職業が消滅しているようなものや、スーパーに客を奪われてしまってほとんどが抜け殻だ。

でも昔はそれなりの商店街として成りたっていた事だろう。それがそのまま凍り付いたように残っているのだ。

高島は何本もの川が琵琶湖に注ぎ、大きな三角州になっていて大変広く、もはや平野ともいえるくらいだ。周りに山は見えず遠くに白い山が低く見えるだけだ。

今歩いているのは田圃の中の直線の一本道で、こういう道は疲れる。

先週の北小松から高島の日は非常に暖かく、なぜかその前の寒かった冬が懐かしいような気分にさえなった。不思議なことだ。春が来たことを素直に喜ばず、冬を懐かしむのだから。唯もう1週間経って暖かさに慣れてしまうと、もうそんな気分はなくなって春を迎えた明るい気分になるだろう。そしてもう少し暑くなると歩くのが疲れやすくなる。長い距離を歩くのは寒い方が楽な気がする。

車は通るが、人通りは全くなく、一時間に一本のバスが来た。私の近くに停まって運転手が手で〝合図〟した。

乗るかと言ってくれたのだが、有難くお断りして歩き続けることにした。

高島平野と呼んでもよいような巨大な三角州は最大の河川の安曇川の他にも大きな川が流れている。

今渡ろうとしている鴨川もその中の一つだ。その鴨川を渡って真下を覗く。水は澄み大変きれいに水底の砂礫《されき》が見える。

河のたもとに看板があった。

〝ふるさとの川です。汚しません〟とある。その通り水が透き通り、きれいな昔のままの川だった。これは素晴らしい高島の文化の一つだと思った。

橋を渡ったところに郷土料理〝吾兵衛〟という店があったので入った。中は何か田舎を感じる机の配置だったが、定食を食べた。ほうれん草の〝おしたし〟や煮物と揚げ出し豆腐と自家製漬物、予想以上に素朴でとてもおいしい昼食で大満足した。

私は調子に乗って梅酒も頼んだ。喉が渇いていたので、それもとてもおいしく感じた。中の大きな梅もつまみだし食べたが、田舎の手造りのものは皆おいしいと感じる。

安曇川—新旭間は平野を真っ直ぐ突切る単純な道路だ。その真ん中安曇川の駅前は中江藤樹の里である。藤樹の書院の跡とか、墓とか神社がある。藤樹の名は滋賀県人としては子供の頃から聞いていたが、儒学者で陽明学というのを修めた江戸時代の学者だ。

ようやく安曇川を渡った。この先は新旭（高島市新旭）で高島市役所がある。丁度今日は3月11日で東日本大震災が12年前に起こった。テレビで津波の押し寄せる様を生中継で見て、まさか！こんなことが起こるのかと信じられない気持ちだった。家が軽々と流れ、車はおもちゃのように持ち去られて、車に対する一種の信頼感安心感も吹っ飛んだ。

津波でも多くの人が亡くなられた。その後福島第一原発が冷却機能を失いメルトダウンしていった。その状況も毎日テレビに映し出された。

高いところ、おそらく30数メーターに水を注入できなくて東京から高所消防車が持ち込まれ注水していた。私はなんと原始的な方法で、しかも東京から消防車を呼ぶなど呆れ返る気持ちだった。

やはり備えはちゃんとやっておかなくてはならない。原発のような重要な設備にそれが無かったのかと暗い気持ちで見ていた。今でもあの事故の後遺症は、数多く色濃く残っている。原因は津波だったのだろうか。私には経営者や政治家の怠慢、傲慢が起こしたようにも思われる。心しなければならぬ。

高島の湖畔を歩けば琵琶湖の風情が楽しめるのだが、今日は高島を真横に突っ切るだけの一直線の道路。時々車が轟音をたて通り過ぎ、会う人とてない。こんな時は、私は何とも馬鹿な事をしているのではないかという気持ちになる。高島は昔〝ちぢみ〟という綿織物で有名だったが、湖を挟んで対岸の長浜は絹織物の長浜ちりめんで有名だった。何か不思議なことだ。

田舎の道も車さえ通らなければ静かに快適に歩ける。新旭駅に着いたが駅前は静か、時折遠くに車が通るくらいで人っ子一人居ない。駅の表、裏ともとても整っていて恐ろしいほどきれいにできている。モニュメントはあるし、緑地もあり植え込みも手入れされ、駐車場も充分である。駅前にはまた大きな観光物産プラザというのが建っていたが休日の事とて人影は全くなく、これもまた充分税金を使っている事業と見受けた。駅の反対側には立派な銅像が立っていて旭日昇天と書いてあったが誰の像か分からなかった。帰りは新快速に乗り、あっという間に近江京駅に着いた。近江京駅のあたりからマンション群が林立して一挙に都会になる。

今日は黄砂で対岸はほとんど見えなかった一日だった。

暖かかったので、家に帰ったら、庭の紅梅が満開になっていた。

歩き旅 11

3月19日（日）

新旭—今津

11日目

19,833歩

今日は3月19日。庭の紅梅がすっかり散って、手前の白い垂れ梅が満開になり、もう散りかけている。すっかり春になった。

明後日はお彼岸だ。庭に植えておいたラッパ水仙がちらほら咲き、桜もつぼみを膨らませてきた。

残りのラッパ水仙も蕾を膨らませている。瀬田川に浮かんでいる水鳥も随分数が少なくなって、所々に残っているぐらいだ。大半は渡っていったのだろうか。

瀬田川のボートの選手たちも、冬には手の凍えるのに耐えながらやっていたのが、今は春の日差しを浴びて心なしか気持ちよくやっている様に思う。

春になると気分が明るくなってくる。

石山駅から山科駅に出て乗り換えるのも今日で8回目、往復があるから二倍の回数に増え、なにか山科駅に親しみを感じるようになった。

この前のように1列車前の近江舞子行きに乗って、近江舞子で後から来る敦賀行きに乗り換えていく。湖西線は全線高架なので景色がよく見える。

その途中の電車から外を眺めての感想はというと。

堅田に来ると比良が見上げるように見えて、今日3月19日では雪がほとんど残っていない。スキー場もやっていないことと思う。

堅田から小野は住宅用に開発された団地だが、その次が和邇という古くからの集落だ。小野の辺りまでは新しい住宅があるが、和邇にはほとんど新しい家は見えない。堅田、小野、そしてぎりぎり和邇くらいまでが京都への通勤圏であるように思える。

蓬莱《ほうらい》駅まで来た。蓬莱駅からは比良山がすぐ近くに聳え立って、青黒い形で存在している。山の上はまだ雪で白い。

和邇から先、蓬莱、志賀、比良、近江舞子は琵琶湖沿いに別荘が多い。

比良のあたりでは湖岸に昔からの住宅が広がっていて、琵琶湖に接しながら生活している様が見える。

湖水に突き出た桟橋があり洗い物をしたりして利用していたようだ。

近江舞子駅に着いた。この辺りはやはり観光施設がたくさんあり、今日は晴れなので少し人も来ているようだ。駅からは琵琶湖がきれいに見える。

今日の出発駅は新旭駅、高島市の北のほうに当たる。

新旭の立派な駅前を通って針江地区に向かう。相変わらず人が少なく、駅で降りた客は5、6人だった。ちょっと風があって冷たい。

新旭の駅前の一角には、案外店が並んでいる。やはりこの地方ならではの賑わいがあるのだろう。

新旭のあたりは山から琵琶湖までは距離があって駅の近くには結構新しい家も建っている。

針江地区へ向かって歩いていく。

針江の川端《かばた》は滋賀県の人はよく知っている。

比良山系から染み込んだ水が地下水となり、このあたりで湧出してきれいな川を作っている。人々はそれを家庭用の水源として川端と呼ぶ野菜洗いや保管場所として利用し、それが有名になった。

途中から湧き水が集まってだんだん水量が豊富になり誠にきれいな川になってくる。際立った透明感というのだろうか。川藻も生えて流水になびき、めったに見かけないような美しい流れだ。

針江から琵琶湖沿いに出たが、この辺りからは伊吹山が真正面に見える。また針江から出るきれいな水が流れる水路だけは鴨がけっこう残っている。60km70km南の石山のあたりではずいぶん鴨も少なくなったが、この辺りでは渡りの途中なのか数多く残っているようだ。ここでは梅は丁度五分咲きぐらいで、自宅の石山と比べると少し季節がずれている。

山と湖と箱館山（スキー場）が真正面に見えるが。雪は全く見えない。このあと春になると箱館山は水仙の大群落などになってそこを訪れる人も増えるようだ。函館山にはケーブルで簡単に登れる。

針江から琵琶湖に向かって来たが、相変わらず真っ直ぐな一本道が続く。湖に近くになったがここは湖畔の村というようなことが書いてあった。別荘風の建物が結構建っている。

琵琶湖に出て水遊びをしなくてもこの辺に来ること自体がリゾート気分になるのだろうか。

のんびりとした雰囲気だ。

選挙の公示板があるのでこの辺に住み着いた人も多いのかもしれない。

昔アメリカの映画で観たような気がするのだが、広い畑の真ん中の道路に十字路があって、そこにバスから人が降りる。そのあとは何も通らずシーンとした状況になる。それと似たような静かさがあった。

しばらく行くといい具合にログハウスの蕎麦屋さんがあったので入った。大変おいしい蕎麦だった。この旅では今迄ずっと昼食に外れたことがないのは非常にラッキーといえる。

結構昼飯にありつけるかどうかは重要項目である。

ただ今後今津を過ぎて東のほうへ向かう湖北のときにはそんな具合にうまくはいかないとは思っているが。


そのあと琵琶湖畔に到着して今津に向かって歩く。箱館山を真正面にみて湖岸沿いの新しくできた道だ。湖岸はこの辺りでは芦原になっていて、水鳥の絶好の住処のようだ。

この新しい道は何年前にできたか分からないが桜の並木になっていて、何キロか続いている。桜の季節には非常に華やかになることだろう。

今日は天気が良くて少し温度が高いのでビワイチ（琵琶湖一周）の自転車によく出会う。彼らは速いスピードですいすいと通っていき、やはり歩きと自転車では全然速度が違うなあと実感する。歩くというのはいかに遅いかというのが分かる。情けないほどだ。

ビワイチの人は一日か二日で琵琶湖を一周するようだが私はすでに11日やっていてまだ今津に向かうところ、半周に満たない。

この辺の芦原は冬に火を放って焼くようで黒くなっている。

そしてすごくのどかだ。

先ほど反対側から歩いてきた、見るからに歩いているという人に声を掛けた。中年の女性でいわゆるおばさん。今回の旅で、初めて本格的に歩く人と出会った。

今日は大阪から今津に来て、今津から新旭のほうへ歩くそうだ。またかつて11日間で歩いて琵琶湖を一周したそうで旅の大先輩だった。

私は11日掛かってもうじき今津に着くくらいのものだから。

さっきまた自転車で休んでいる人がいたので声を掛けた。ビワイチですかと問うと〃そうです〃と言って、琵琶湖を一周する自転車の人の様だった。一日で回るのですかと聞いたら、やはり一泊するそうで、一周200キロを超えるので一日では無理なようだ。

途中で野鳥観察の森に寄った。今津までの行程の半分以上は来たと思う。向こう側にマキノ辺りのホテルが見えて、まだ北の山には少し雪が残っている。野鳥はほとんどいない。もう飛び立った後だろうか。

途中の流入河川ではバス釣りの人を見た。ブラックバスはこんなところまで進出しているのだろうか、悲しい事だ。

前にも書いたように、後の科学者が琵琶湖のバスやブルーギルを退治することを考えてくれて、生態系が元に戻ることを願っている。なにしろこのごろの琵琶湖・瀬田川は子供の頃と全く生態系が違っていて残念だ。

もう今津のほうに向かって近づいている。今朝は、今日は今津に行けるというのに何となく気乗りがしなかった。

この旅を始めたときは、琵琶湖一周歩くというのも可能かどうか全く分からなかったし執念も別に無かった。

でも今津まで行けたら一つの目標達成かなとは思っていた。

だから今津に行く日は楽しいと思っていたのだが、出発の時にはそんな感じではなかった。

それに今津は新旭からは次の駅で比較的近く緊張感もない。

あまり問題のない距離ではないかと思っていたのだが、新旭から先ず針江のほうまで歩き琵琶湖に出てから今津に向かったので、丁度30度と60度の三角形定規の二辺を通るような形で少し距離が延びてしまった。

しかし今はもう今津に向かっての一直線の道を歩いている。琵琶湖一周から言うと今津という一応かなり大きな目標に着くわけだ。でもどうしてかあまり喜びとか感慨とかいうのがわかない。まあ人間はその時の体調や気分に左右されるのだろうが。

今歩いている道は新しく湖周道路を作ったときにできた道のようだ。一斉に建て替えたものらしくどの家も大変大きい。ただもう30年以上は経っているのではないだろうか。

真正面に対岸の伊吹山が見えてその左に竹生島、その左は葛籠尾崎（ツヅラオザキ）、そしてその手前が海津大崎、さらに今津の辺りの町と続いている。このあたりの湖岸は静かで波の音がきれいに聞こえる。その音を録音してみた。それくらい琵琶湖は静かなのだ。

途中に野鳥センターというのがあって、そこでコーヒーを飲んだ。そして少し野鳥を観察した。いい望遠鏡がたくさん揃っている。そこの人の話では、野鳥たちはもうほとんど北のほうへ帰っていったようだ。ただ少ないが鴨もまだ浮かんでいる。望遠鏡を通してみるとどの鳥もきれいに見える。係の人はあの黒いのはなんとか茶色のは、と教えてくれたが私には皆鴨という認識しかなかった。

渡《わたり》には三つほどルートがあって、一つは朝鮮半島に沿って北上をするもの、一つは日本海の真ん中を突っ切るもの、もう一つは日本列島を北のほうに行って北海道辺りから海を渡り、いずれにしてもシベリアに帰っていくようだ。

高島の大溝の城下町には道路の真ん中に水路があったが、今津では道路の真ん中に散水栓がついている。雪を溶かすためでこれはかなり効果的であるのは何回もそんな道路を通ったので知っている。

今津の港を通り過ぎ、昔山仲間たちとよく来た丁子屋という鴨料理の店を訪ねてみた。この店の造りは大変古い。

昔この宿に泊まった三高生が琵琶湖周航の歌を作ったらしいという話も聞いた

ことがある。

私は何度か来ていてモロコの炭火焼、鴨鍋、うなぎを思いきり楽しんだ。今もやっていて鴨は3月中、4月はモロコで満席だそうだ。5月になるともうモロコは骨が硬くなるので終わってしまうという事だった。春先のモロコは骨が柔らかくてとてもおいしい。春が来たと感じられる魚だから理にかなった営業だ。

モロコは琵琶湖のおいしい魚の筆頭だと私は思っている。

丁子屋の鴨鍋は長浜の老舗鳥新とは全く違う料理の仕方で、最初に味付けをしただけで後は一切味を加えず具材を足していく。

非常においしい鴨鍋なのだが、一緒にモロコの炭火焼きも出てきてそれが又とびきりうまい。

丁子屋に寄ったあと、魚岩という川魚の料理を売っている店に行って、鰻と佃煮を買った。

そこから近い琵琶湖周航の歌の記念会館に向かう。

さっきの丁子屋で、琵琶湖周航の歌が作られたという説もあるが、真偽のほどは分からない。今津の消印の手紙を出している事から今津でできたことは確かだという。結果今津では今も琵琶湖周航の歌の資料館や歌碑があり、誇りにしている事はよく分かるし、結構なことだと思う。

琵琶湖周航の歌の三番は

波のまにまに　漂《ただよ》えば
赤い泊火《とまりび》懐かしみ
行方定めぬ　波枕
今日は今津か　長浜か

ところで琵琶湖周航の歌資料館は、以前の場所から引越しをして他の立派な建物に移っていた。

最初に古い記憶をたどって以前の場所へ行ってみたのだがもう閉まっていた。

看板を見て引越し先に行った。ここは一度通った所だったが気づかなかった。琵琶湖周航の歌資料館と目立たないような看板が出ていたから、それで分からなかったのだと思う。

資料館に寄って、もう少し派手に看板を挙げておいてほしいと頼んできた。それで琵琶湖周航の歌についてその係員の人に質問した。ひとつは琵琶湖周航の歌は今津のどこかの旅館で書かれたという伝説がありますが本当ですかと聞いたら、〝どこかは分かりませんがそういうことらしい〟と。僕はもっと具体的に作曲は丁子屋ではないかという風に聞いてもみたが、〝それは分かりません。とにかく今津で発表されたというか、作られたことは確かです。今津の郵便局の消印のついた郵便物に記されていたのですから〟とのこと。

琵琶湖周航の歌は後に加藤登紀子さんが歌って大変有名になった。

末永く伝わってほしいと思う。

資料館にはノーベル賞をとった江崎玲於奈さんが筆を揮《ふる》った歌詞があって、それが飾ってあった。

非常な達筆で感心した。

江崎さんは旧制三高の出身だ。


ちょっと変わった繋がりなのだが、私は江崎玲於奈さんのお母さんにダンスを習ったことがある。

お母さんはダンス教室をしておられた。

江崎さんは私が大学在学中にすでに〝エサキダイオード〟の発明者として有名だったが、まだノーベル賞は授与されていなかった。私の卒業した学科では卒業の前にダンスパーティーがあって卒業生が参加するのがしきたりになっていた。どうしてそうなったのか全く知らなかったが、とにかくダンスぐらいは覚えておけということだったのだろう。

そのため大学の近くで実験の合間を縫ってレッスンを受けに行った。

なぜ玲於奈さんという名前なのかというのを何かの折に聞いたら、レオナルド・ダ・ヴィンチの玲於奈ということでなるほどと思った記憶がある。

帰ろうと思って今津駅に入ったら、姫路行の電車が待っていた。これは新快速で非常に速い電車だ。

今津から新快速に乗って、初めて今津まで来たという実感が湧いてきてほっとした。とりあえず一つの目標、今津までは到着した。

今津からは海津大崎、葛籠尾崎《つづらおざき》もよく見える。

この二つの岬は琵琶湖の北部から突き出た大きな岬で、それを越えれば旅も半分を過ぎると思われる。

目標に一歩近づくこととなる。

ここから先の歩き旅は交通事情も悪く、綿密に調べて計画を立てる必要があるだろう。

帰りは今日も山科駅での乗り換えで草津線柘植行きの電車が来た。この電車は数が少なく珍しい。それは少し古い電車で懐かしく感じた。

石山駅で改札機に止められた。この前五千円をチャージしたのでかなり残っていると思っていたのが、あっという間に無くなり、新たに一万円をチャージした。けっこうＪＲの料金もかかるものだ。

プリペイドカードを使うと全く金額を気にしなくなってしまう。まあ今津までいくらするのか全然分からないが一時間近く乗るのだから結構するのだろう。

帰って庭を見るとラッパ水仙が三分の一くらいは咲いていていた。桜は一本のあまり良くない枝ぶりの枝垂桜《しだれざくら》がだいぶ開きかけているので、もう二三日で開花するだろう。

桜の季節は近い。

歩き旅 12

3月21日（火）
今津ーマキノ
12日目

19,874歩

今日は3月21日お彼岸だ。遅くに雨が降るという予報なので心配したが、ちょっと薄日が差したので出掛ける事とする。庭のしだれ梅はもうすっかり終わり、代わって早咲きのしだれ桜が二三分咲きになった。今日は一列車早い電車に乗ろうと思って準備している。

庭の球根も咲いてきた。ラッパ水仙は蕾を出しもう咲きかけている。昨秋に蒔いた菜の花も咲きだした。

家の前の道路際に芝桜を植えているのがだいぶ広がって、満開の時は三色の絨毯となる。その芝桜が少し開きかけている。芝桜が咲くと本当に明るく春が来たという気分になる。もう花の季節になった。

今日は曇っていて少し風があるのでうすら寒い。

バスを待つ間に見ていると、それでも瀬田川のボート練習はたくさん出ている。今の時間はスカルとダブルスカルの時間のようだ。どうも時間を分けて違う種類のボートの練習をしている。4人で漕いでいるボートも見えるが、4人ということは舵無しフォアということなのか。

バスを待っていたのだが、いつもより1本早い湖西線の新快速に乗りたいと思って、たまたまタクシーが通りかかったのでそれを捕まえた。そうしたら僕がそれに乗るのは3回目だそうで、前2回はどこか琵琶湖一周の帰りに乗ってもらったということを言っていた。珍しいことがあるものだ。そのほかにも2、3回ほど乗った個人タクシーもある。

いずれもそういう人たちはいろんな助言をくれて、今日の運転手さんはマキノに行ったら海津大崎に向けてシャトルバスが出ているはずだから調べておいたほうがいいと言ってくれた。忘れないように調べてみよう。

今津駅に着いた。

今津駅前の喫茶店が開いていたのでモーニングを食べることとする。ずいぶん上等のモーニングだった。

歩き始めて先ずもう一度琵琶湖周航の歌資料館に寄った。今日は係の女性が代わっていたので、先日と同じことを聞いた。

琵琶湖周航の歌を作ったところが丁子屋ではないかと。

当時今津には3軒旅館があったそうで、その1軒が丁子屋であったということ。だけど丁子屋で作ったかどうかは定かではない。ただその当時今津郵便局の日付の手紙を出していたことは間違いない。それで今津は今でも琵琶湖周航の歌発祥の地として大事にしている、とのことだった。

今津の海沿いのなぜか赤っぽく色が塗られている道を歩く。神社が出てきた。住吉神社だ。弘安元年に社殿を創建したとあるから帰って調べたら丁度元寇のころ750年ぐらい前で比較的新しい。

我が家の紅梅は全く散ってしまったが、今津では今が満開だ。そして来る途中の山科で街の一角に桜が五分咲きになっているのを見たから着実に〝さくら〟の季節に近づいている。

私が琵琶湖一周を始めたのが1月4日で今年は割合寒い冬だった。そして頑張って2月の25日に近江舞子あたりを過ぎた。これは比良から近江舞子、北小松に抜ける日だったが、丁度横殴りに雪が降ってきて大変寒い日だった。その時の服装が山用の厚手のダウンを着ていて、寒かったけれども堪えられるというかあまり辛く感じなかった。

それからだんだん季節が進み暖かくなってきたので少しずつ薄着になって、今は薄いシャツに薄い上着を着ている。

今日の目標はマキノ駅までで少し距離がある。

途中の近江中庄駅に向かう道は湖畔沿いで、竹生島との通い船が見え丁度今津港に戻ってくるところだ。竹生島もよく見える。今は竹生島を南側から見ているが今日の終わりには北側から見る事になるだろう。今日はその辺りまで行きたいと思って歩いている。後ろを振り返ると比良山に雪が残っているのが見えた。

上流がアマゴやイワナ釣りで有名な石田川の河口を渡ったら親鸞聖人の遺跡があるお寺の前を通った。親鸞聖人はこの湖西を通って北陸から新潟へと行ったのだろう。

この辺りの浜にはまだ少し渡り鳥が残っている。

竹生島も海津大崎もぼんやりと見えてちょっと雨が降りかけている。

この辺りいい感じの松林でしばし松の切り株で休んだ。

竹生島への遊覧船のエンジンの音もよく響いてくる。

琵琶湖は誠に静かで、沖に浮かぶ釣り船でしゃべっている人の声まで湖面を渡って聞こえてくる。水平線は数キロでその何倍もの先まで琵琶湖は音を発しない。

誠の静けさとは琵琶湖畔でしか味わえぬと思った。

親子のビワイチが通り過ぎて行った。

とここで絶好の昼食場所、中庄へ行く道の真ん中あたりで松林沿いに洒落たレストランを見つけた。こんな処に、まさかという感じだ。非常に格好が良くあか抜けている。

店の名前は思い出せないが、南アフリカから来た主人と日本人の奥さんが経営しているレストランだった。

座った席からは琵琶湖が真正面に広がっていてきれいに見える。そして料理も非常においしかった。雰囲気に乗せられてグラスワインを頼んだ。南アフリカから来た人ということで私は南アフリカの白ワインを。

私がちょっと片言の英語で南アフリカはラグビーが強いとか、貼ってある写真が大脱走のスティーブマックイーンだとかの話をしたら気に入ってくれたらしくて、南アフリカの赤ワインを一杯ごちそうしてくれた。

結果大変素晴らしい昼飯、十二日間で最高の昼ご飯だった。ちょっとほろ酔いで中庄のほうへ歩いている。料理もおいしかったけれど楽しい昼ご飯だった。

旅というものは、たまにこういうことがあると非常に嬉しくやり甲斐が有るというものだ。

ここからちょっと雨が降ってきた。朝に見た携帯では雨雲がだいぶ西にあったように思って出発した。だが今見ると少し雨雲が掛かってきている。そこで今回初めてポンチョを着た。

今標識を見ると今津は4km、中庄は1・6kmだから、3分の2くらいは来ている。ポンチョを被って歩いていく。

途中でやっぱり松林の通りに喫茶店があったのでトイレを借りるつもりで入った。非常にいい雰囲気のログハウスで、なんとコーヒーはたったの200円だった。

こういう所で色々やっている人は何かの思いを持っておられると思うが。また雨が降ってきたので、ポンチョを着て歩いた。ポンチョを着て歩くのは昔山登りで何度もやってきたから何の問題もない。

私にとって傘をさすよりはよっぽど簡単で気楽だ。

この辺りは竹生島が一望できて別荘を建てている人もいる。

来ている車のナンバーを見ると大阪・神戸が多い。

この辺りは乗合タクシーというのがあり、時刻表で見ると一日に六本ほど通っている。

先ほど標識でマキノまでかなり近づいたと思っていたのが３㎞と書いてあってちょっとがっかりした。道路標識の表示は結構頼りにしているので、数字が減ってくると嬉しいがまだ結構残っているとがっかりする。


マキノの近くの神社の前を通っていたら〝うぐいす〟の初鳴きを聞いた。

マキノに着いて一つ気付いたことがある。

もう十二日も歩いているというのに煙草の吸殻を見ない。

今日までで四本落ちていただけだった。いかに日本がきれいなゴミの少ない国かの一例ではある。

山科駅に帰ってきた。同じ時間に帰っているのか分からないが、草津線の柘植行きの列車が来た。この間もこれに乗ったし今日もそれで帰る。

草津線の電車は古い車両を使っているので騒音も多く、加速力も少ないように思う。琵琶湖線（昔の東海道線）を通っている電車はもっと静かで加速がある。それだけ時とともに進歩したということだと思う。

13～17日目

琵琶湖の北端、桜と菅浦文書の謎

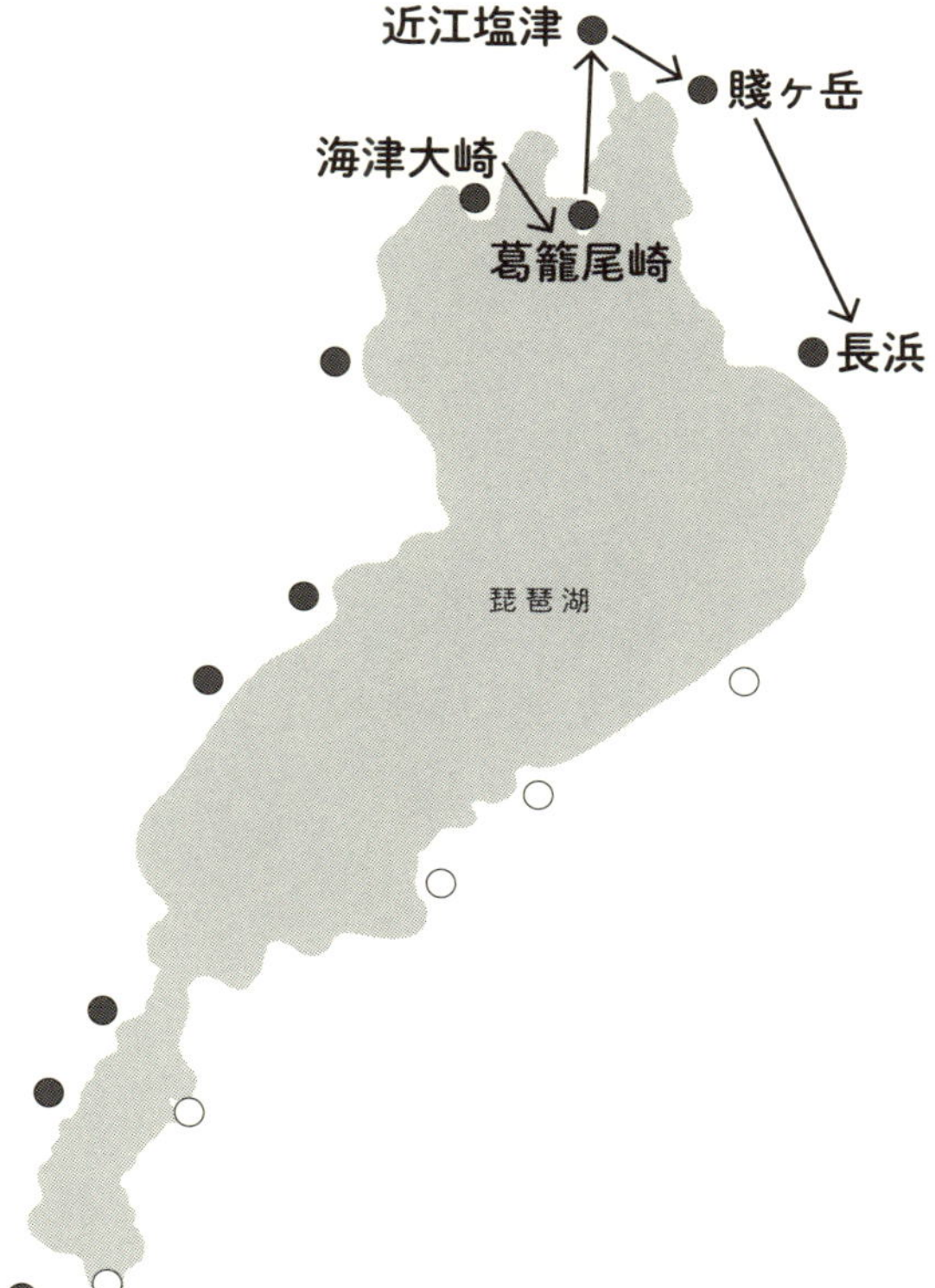

今日は3月28日（火）。

歩き旅13日目の3月29日に備え、念のため前日夕方、マキノに来て一泊した。

翌々日は休日でしかも桜が咲いている。きっと人が多い。

そこでこのようなことを考えた。

人が少ないと思われる前日（平日）の午前中に通り抜ける作戦だ。

海津大崎は言わずと知れた琵琶湖一の花の名所。

花見時の海津大崎は車と人で大混雑し、その上道路が狭くトンネルが五か所もある。歩くのには難所なのだ。

朝早めに出て少しでも混雑を避けたいと思った。

明日は平日、しかも桜はまだ四五分咲きなので、多分まだそれほど混んでいないだろう。

そのため今回がこの旅初めての宿泊になった。

夕方やや遅く着いたので、先ず夕食に出かけた。

マキノの駅前はきれいに整備されていて、これ本当に日本なのかな？　さすがにカタカナの町だと妙な感心をした。

人はほとんどいないが幸い二軒の食堂が開いていて、そのうちの一つに入って夕食を済ませた。

歩き旅 13

3月29日（水）

13日目

マキノ―海津大崎―永原

21,823歩

前日ホテルに泊まったのでいつもより朝早く歩き始めた。

そして歩いている内にふと気が付いた。

寺が多いのだ。さっきからもう四つの寺の前を通り過ぎた。

しばらくするとまた路地の奥に二つの寺が見える。

なんと寺の多い所か。

そして海津大崎への分岐のところで又大きなお寺があってこれで七つ目だ。

その隣にあるのはやはりお寺のようだが、廃寺となっていた。何でこんなにも寺が多いのかと不思議に思ったが何か謂れがあるに違いない。

海津大崎いわゆる岬に入った。

今から二十年ぐらい前だろうか。ふとしたことで海津大崎には桜守《さくらもり》という団体があって桜の植樹を募集していることを知った。

早速私も応募し十本を寄付した。今頃どこかで咲いていることだろう。

その時桜守の人が言っていたことには、桜の苗木は猿が折ってしまうので少し大きくなるまで保護する必要があるとのことだった。

時々湖岸沿いに桜を見るための遊覧船が通る。私も前に乗ってみたことがあるが、やはり桜のトンネルを通っているほうが花見には適しているように思う。ただ狭い道を通るよりは船のほうが楽には違いない。

花見のランク付けをして下からみると、遠くから見る、船から見る、車で通りながら見る、歩いて花で覆い尽くされた道を潜り抜けるの順か。

この道路には五つのトンネルがあるが、最初の一つは湖岸を歩いてトンネルを迂回できる。

実際に湖岸を歩いてみると湖水は透明で水底も全く汚れていない。

琵琶湖はラムサール条約の登録地となっている。

ラムサール条約は、湿地の保存に関する国際条約で水鳥や湿地の生態系を守る目的で制定された。

海津大崎のあたりの湖水は透明でほとんど汚れていない。

が、私の住んでいる石山は丁度琵琶湖から流れ出す唯一の川、瀬田川があってその水質は青く汚れ透明度もひくい。

滋賀県は合成洗剤を使わず石鹸を使うなどして水質保全のために努力しているが、その甲斐もない。

我々は経済発展のため自然を犠牲にしてきた。

これからは英知を集めて自然を守る努力が必要だろう。

だが政治や経済はままそれを無視する。

琵琶湖総合開発もその一つだったかもしれぬ。

ただ琵琶湖を持つ滋賀県人はいつまでも自然の保護を考え実行していくことが求められる。

一つ目のトンネルを迂回した先に古くからある茶店があった。道路わきに床几を出していたのでうどんを頼み食べながらしばし花見を楽しんだ。

海津大崎の桜はほとんどが古木でその花は美しい。

だがゆっくり花見などしてはいられない。トンネルをくぐりながら岬を通り抜けないといけないのだから。

私はかねて用意していたＬＥＤランプを頭につけ点滅させながら歩いた。週日の午前中ということで車の通行も比較的少なく、また出会う車も私に気が付いて大きく避けてくれた。

ただ途中の桜も、結構な桜並木なのだが緊張していたためかあまり目に入らない。

そうして四つのトンネルを抜けた時は正直ほっとした。

そして目の前に現れたのが葛籠尾崎《つづらおざき》の半島だ。この半島はかなり長く数キロ以上はある。目の前にどんと横たわっている。私の足で一日で往復するのは到底不可能だ。葛籠尾崎は急激に琵琶湖に切れ落ちていて、裏側に回りこむ道はない。

そしてその先端の少し前には竹生島が浮かんでいる。

私は今並行する岬、海津大崎を先端から付け根に向かって歩いていく。次回に歩く行程を目の前に眺めながらどうしたものかと考えあぐねている。時々車が止まれるようなスペースがある。さっき止まっている車をのぞいたらお爺さんとお婆さんがお弁当を食べていた。すごくいいお花見だなと感心した。

田舎の人は大概出会うと挨拶をしてくれる。

前から歩いてきたお爺さんは歩きなれているような人なので私は挨拶をして話を聞いた。

実際すごい人で年齢は私より一つ上の八十六歳、長浜に住んでおられるようだが岐阜まで歩いたとか敦賀まで歩いたとか。私が今心配している葛籠尾崎も山の上にあるドライブウエーを使って二十二キロ歩いたとか。

私にはとうてい無理なので半分で引き返すしかないなと思った。今回の歩き旅で本格的に歩いている人に出会ったのは二人目だったがその歩きぶりには本当に驚かされた。

尊敬に値する。

さらに歩いていると道端で畑の草を引いている人がいて挨拶して話をした。私の計画を伝えると、葛籠尾崎の先端の菅浦には民宿があるといって電話番号まで教えてくれた。

さっそく電話したが何日も先まで満員だった。泊まれたら誠に都合のいい話だったが計画は振出しに戻った。

どこから来たのかと問われて話すとその人は私の近所の出身だそうで私の家あたりのことをよく知っていた。

また私の通った高校の近くにも住んでいたことがあったようで、いい話を聞いた。田舎に住んでいる人は話し好きである。

今から四、五十年前母親を連れて車で琵琶湖一周をしたことがあった。その時このあたりでヨモギを摘んでいたのを思い出した。

海津大崎をほとんど回りきって大浦の村落についた。民宿の看板があったので声をかけたがやっていないとのことだった。ここに一泊して葛籠尾崎の先端を目指せたら誠に都合がいいのだが残念。民宿はコロナの影響を受けたのだろう。

大浦は今通り過ぎた海津大崎と葛籠尾崎の付け根にあたり、ここから今日の目的地永原までは少し上りになっている。

今日は海津大崎の桜を、歩きながら見る事ができ感動したが、トンネルの通過などもあって本当に歩き疲れた。

いつもは一万五千歩ほど歩いているのだが今日はもう二万歩を超えている。

昔、山登りをしているときにしばしば感じたことではあるが、山を下りてもう登る必要はないという状況になった時ほっとして嬉しくなる。一番近いバス停を目指すのだが、これが意外と遠いことが多く苦痛だった。そしてやっと到達し、もうこれ以上歩かなくて済むと思った時は最高の喜びと幸せを感じた。

今その山を下りた時と同じ心境で歩いている。永原の駅はもう近くに見えているのになかなか進まない。何度も歩を止めいつにない疲労を感じている。

そしてついに歩くことから解放された。だがホームに上る階段が残っている。永原駅の階段はめったに見ない長さだ。

そして私は30秒くらいの差で電車に乗り遅れた。

それは湖西線の京都行の電車だった。次は一時間後ですと駅の人に言われたが、幸いなことに反対方向の敦賀行きが10分ほどで来ることが分かった。その電車に乗って次の近江塩津駅まで行けば何とかなるだろう。私は一旦逆向きに乗った。近江塩津に着くとなんと都合のいい事か、隣のホームに播州赤穂行の電車が止まっていた。

この電車は北陸線、東海道を通って石山に行く。

山科で乗り換える必要もない。

ラッキーだった。私は案外幸運に恵まれるたちかも知れないぞ。

そしてこの度初めて琵琶湖の東側を通って帰ることになったのだった。この旅は距離的にはまだ半分には達していないと思えるが、交通的にはほぼ半分まで来た。

今日は非常に疲れたが有意義な日だった。

次回は葛籠尾崎が待っている。

歩き旅 14

4月1日（土）

永原—つづら尾崎（片道）

14日目

25,323歩

菅浦《すがうら》は琵琶湖の南端に住む私にとってはなぜか謎めいた響きを持って聞こえる。昔はまともな道路もなくしかも岬の先端辺りに在って陸の孤島の村落だった。

出来たのは奈良時代。菅浦文書《すがうらもんじょ》というのが残っていて大変貴重なもので国宝になった。というのが学生時代に伝聞で得た私の知識の全てであった。しかしそれは六十年以上昔のこと、今は道路が通じていて簡単に行ける。

とは言え道路が開通したのは１９６６年のことだ。

ただ永原駅から菅浦とその先の葛籠尾崎展望台までは距離があり私の足では片

道しか歩けない。それが前回の旅で知り得た知識の全てであった。

だから今日は早めに出て山科から湖西線の敦賀行きに乗り換えた。西から行く湖西線と東から来る北陸線が合流するのが近江塩津駅、その一つ手前の永原駅に向かう。途中湖西線から見る琵琶湖の対岸はかすんで三上山のあたりはほとんど見えない。花霞だ。

今日乗った湖西線の電車は近江今津から先は敦賀行きの4両のみに減ったので、結果大変混んでいた。やっと何とか空席を見つけて座れるぐらい。私と同じ永原駅で降りる人が結構多くみんな登山の格好をしている。聞いてみると東山という所に登るのだそうだ。地図で見ると東山は前回通った海津大崎半島の尾根筋にある最高地点で590mもある。私は海津大崎を琵琶湖沿いに歩いたが、あの人たちは尾根筋を歩くようだ。

桜の木があれば満開のはず。

3日前にここを通った時は足も痛くふらふらになって歩いていた。その結果30秒ほどの差で湖西線の電車に乗り遅れて、たまたま10分あまり後に敦賀行きの電車があったのに乗り近江塩津に出た。そこで丁度ホームに停まっていた北陸線の電車を使ってこの旅初めて東回り、つまり琵琶湖の東を抜けて帰ってきたのだった。

今日は永原駅から歩くので駅で情報を得ようと思ったがあいにく永原駅は無人駅。でも駅に併設されている売店の女性に伺ったら親切な人でいろいろ教えてくれた。

一番の問題は葛籠尾崎の展望台まで歩いた後どうやって永原駅まで帰るのか。タクシーはないかと尋ねたら〝タクシーは無いけど、コミュニティバスなら迎えに行けます。〟とのこと。ラッキー。

最大の問題が解決した。私の計画を話すと琵琶湖沿いに菅浦まで八キロそれから葛籠尾崎の展望台までけっこう上りがきついよと教えてくれた。

なぜか一挙に今日の行程が決まった。目標は葛籠尾崎の展望台。余裕を見て、3時半にコミュニティバスが迎えに来てくれるよう頼んだ。果たしてその時間に行けるかどうかと心配していたら〝とにかく頑張らないとしょうがない〟と女性に背中を押され歩き出した。風は少し冷たい。

トンビがよく鳴いている。

永原の駅から真っ直ぐな道を歩いて湖畔の大浦集落に出た。途中は自転車で琵琶湖を一周するビワイチのルートになっているがそれは葛籠尾崎を避けて通っている。葛籠尾崎を通る道というのは無いのだ。

大浦の湖畔沿いの公園で学生らしき女性たちが弁当を売っていた。これ幸いとそのかやくご飯を買った。花見弁当なのだろうか。

菅浦に向かって歩くが結構車の往来が激しく、もはや昔の陸の孤島ではなくなっているのがよく分かる。追い抜き禁止の黄色線が入っている広い道路だ。オートバイも多く横を通り喧《やかま》しい。向かい側から来る車は葛籠尾崎の展望台から帰ってきた人たちかな。

菅浦へ行く道も結構桜が咲いていたが、その先の奥琵琶湖パークウェーはもっと立派な桜並木らしい。とにかく今日の行程の印象は、予想外に開けて交通の便がいい処になっているようだ。そして桜が満開だ。

周りの景色はきれいなのだが今日は土曜日で交通量がすこぶる多い。今まで歩いてきた中で上から何番目かくらいに交通量の多い道だ。全く事前の予想に反する。

何事も現地に行かないと分からないという好事例だった。

こういう交通量の多い道を歩いているとさすがに文明に逆らって歩くというのは何と阿呆な事だなと感じる。車さえ通らなければそんな気は起らないのだが。車がビュンビュン通ると歩く意欲が失せて、なぜこんなことをしているのかという自省の気持ちが湧いてくるのだ。

でもこの道には幾つか湾や入江があって小さな岬も多く歩いていて変化があって楽しい。

時々車の通行が途絶えると誠に静か、シーンとした空気になる。さすが奥琵琶湖。そういう時は歩いていてよかったなと思える。

所々にある桜も今が満開で気分を明るくしてくれる。

通過していく車を見て気づいたのだが、関西ナンバーより岐阜とか北陸のほうの車のナンバーが多くなってきた。

所々にある駐車場には岐阜や石川ナンバーの車も停まっている。

もしかして冬の季節にさんざん雪に悩まされている北陸の人々は、一足早く桜を見て春の訪れに感動するのかも。

小公園のような場所があったので今朝の弁当を食べることにした。

何年か前に整備されたらしい東屋と椅子があるのだが、半分朽ち果てている。

多分琵琶湖総合開発の時に作ったものだと思うが使われていなかったようだ。

物事は最初計画したことと違った利用の仕方がされることがままあると思う。

世の中大体そのようなものだと妙なことを考えた。

今まで途中でしばしば感じたことは、観光というものは「一番適した時期」に「一番便利な方法」で行くのが正しいと思う。歩いて行くというのは疲れるから余程楽しい事がないとできないだろう。

歩くのに適さない道は「車が多い道」「真っ直ぐな道」「目標の見えない道」。

そういう道は歩きにくいし嫌いだ。くねくね曲がっていても、その先の曲がり角へ行ったらその先にどんな景色が待っているのだろうかという期待が起こると歩きやすいのだ。

鶯が鳴いていた。

半分くらい来たが、奥琵琶湖はきれいで素晴らしい。この辺りでは山が直接湖に入り込み浜辺というものがない。

目の前に海津大崎その左に琵琶湖は水平線を見せて広がっている。

私はこの計画を進める最初の頃には、何日も掛けて歩いていると少しは足が丈夫になり速度も上がるかなと思っていた。それは全く逆の結果といってもよい。もう85歳の体はそんな風にはできていない。ただ疲れが残り、いつまでたっても強くなるどころか少しずつ弱っていくような気さえする。

旅を終わってから筋肉専門の医師から聞いた話では、筋肉はストレスを加えないと歩くだけでは強くならないらしい。

今日は4月1日。

選抜高校野球の決勝戦がある。昨日3月31日にプロ野球も開幕した。

昭和20年の敗戦のすぐ後もう3年もしたら子供たちは野球を始めていた。私もその頃から野球をしていた。中学は粟津中学に行ったが、その時野球部に入って滋賀県大会で優勝したことがある。それは今でも大変大事な思い出だ。その時分から阪神ファンだった。タイガースはファンが多いけれども、なかなか優勝しない。有名な選手は江夏とか村山とか田淵とか掛布とかいろいろ居たが、近頃は長い間優勝がない。今年こそ優勝するのでないかと期待している。そして昨日の開幕戦は横浜に6対3で勝った。幸先のいいスタートというのか。

(これを書いているのはシーズンがおわったあとでこの年なんと阪神は優勝した。しかも日本一だ)

菅浦まであと1キロくらいの所に来た。これから先がどうなるのかよく分からないがとりあえず葛籠尾崎の展望台を目指そう。

選抜高校野球の決勝戦は12時半開始だから今12時20分、まもなく山梨学院と報徳学園の決勝戦が始まる。今日は2時から阪神と横浜の試合もある。そんな事を考えながら歩いていた。

今歩いている道は、桜が多くしかも丁度満開だ。マキノから海津大崎、そして大浦から菅浦、葛籠尾崎にかけて二日間桜のトンネルを潜り抜けてきた。今年は生まれてこの方、一番花見をしたのではないだろうか。計画を立てた時には予想だにしていなかったことだが。

菅浦への分岐に来た。菅浦はひと際落ち着いた佇まいで目の前に存在している。が私は先を急ぎ訪れる余裕はなく入り口から見るだけで通り過ぎることにした。そこから奥琵琶湖パークウェーに入る。

菅浦の湖岸集落は国の重要文化的景観に選定されている。機会があればまたゆっくり見たいものだ。

葛籠尾崎の展望台への道はずっと上りが続くドライブウェーで、半分山登りをしているような気分になってくる。

でも道は桜のトンネル、樹齢五十年を超えると思われる桜は花が豊かで見応えがある。時々風が吹くと花吹雪の中。

嬉しくて思わず泪が滲んでくる。

車は相変わらず連なって通っているがあと一頑張りやってみよう。と、ここで歩いている人に出会った。歩いている人に出会うのは稀なことで今回の旅で三人目だ。

そして話を聞いたらこれは又一体どういうことか、今朝マキノから歩いて来たそうで、海津大崎を通ってこの葛籠尾崎に来た。この後近江塩津まで行くと言っていた。私の三日分くらい歩くのではないだろうか。韋駄天だ。

自分がいかに衰えたかよく分かる。でもやっと葛籠尾崎の展望台に到着した。なんと展望台は車で渋滞、人が溢れていて想像とは全く別世界。一番心配していた帰りのコミュニティバス（マイクロバス）をこんな所でどうやって見つけるのか、一瞬パニックになった。今朝は帰りの便が見つかったと有頂天になって連絡先の電話番号も聞いてなかった。油断というかボケていたというか。

そこで携帯電話で先ずＪＲの案内を調べて電話し永原駅の売店の番号を聞いた。メモも持っていなかったので土の上に木の枝で番号を書き電話したら繋がったぞ。まさに奇跡的だ。

結果バスは今そちらに迎えに行っているという。探したら案外すぐ見つかった。私には奇跡の連続のように感じられた。結果永原駅まで送ってもらって帰ってきた。

今年はこれだけ桜を見たからいつ死んでもいい、というくらいたくさん花見をした。

しかも桜満開の葛籠尾崎まで行けて達成感もあり、今日は今までで一番満足できた一日だった。

桜満開の時期に来られたのは全くの偶然で天の配慮に感謝しかない。

そして今日は今回の旅で一番長い距離を歩いた。歩数は二万五千歩超え今までで最高、よく頑張ったと思う。

帰りの山科駅で乗り換えたら、また草津線の電車が来た。これで3回目。いつも同じ時間に乗っていることになる。

無事石山駅に帰ってきた。

最近は言われなくなったが、昔は四月一日の事をエイプリルフールと言っていた。4月バカと訳していたが、いわゆる四月一日は冗談で嘘をついてよいという話なのだったのかな。

多分終戦後アメリカ軍が占領していたからそんな話が入ってきて流行ったのだろう。当時は台風の名前もカタカナ例えばジェーン台風とか言っていた。

今日一番驚いたのは葛籠尾崎の展望台がものすごい車と人で溢れていたことだ。全く想像だにしない状況だった。まさしく昔でいうところのエイプリルフール、嘘だろう。

車の時代というのは恐ろしい。

辺鄙な場所でも季節によっては車で溢れ渋滞が起こる。

葛籠尾崎にも人が溢れていたが売店も有って設備的には整っていたので普段から来る人は多いのだろう。

葛籠尾崎からは湖東の景色もよく見える。

つまりもう琵琶湖の東側に来たということだろう。

今日は琵琶湖の北端まで行ったが、なんと琵琶湖の周りは全部桜、さくら、桜、

さくら、桜、花盛りだった。

それと今日は今回の琵琶湖一周の旅で一番長く歩いた。くたびれたが何とかひどい思いもせずに葛籠尾崎に到達する事ができた。桜の街道を歩いているうちに調子が出てきて、早めに食事をしたり途中で栄養剤を飲んだりというのが効いたのかもしれない。そのおかげかどうか、無事葛籠尾崎まで到達できた。たまたま永原の駅で親切な女性にいろいろ教えてもらった御蔭も大きい。

今日は行くときにちょっと気乗りしないところが有ったから帰ったら達成感が溢れていて嬉しい。

帰りに石山駅からタクシーに乗って、今日私が葛籠尾崎に行ったと言ったら運転手さんが私も時々菅浦に行くのですという話をされて、びっくりした。よくあんなところまでと思っていたら、そこに神社があって非常に静かでいいという話だった。確かに登っていく時古そうな神社があるのを見ていたが、そんな所へも行く人がいるのかと思った。

ところがそれどころではない。

調べてみたら菅浦には保良宮《ほらのみや》があったとされ須賀神社がこれに当たるとの伝承がある。この神社では50年ごとに「淳仁天皇祭」が行われており、平成25年（2013年）には1250年祭が行われたそうだ。

保良宮は平城京の北の都とされ保良離宮とも呼ばれた。

淳仁天皇は天平時代の天皇で千二百六十年前だ。

菅浦はやはり謎と不思議に包まれた集落であった。奈良時代から陸の孤島として存在していて、完全な自治が行われてきた。しかも文書が完全に残されていた。

それが分かったのは比較的近年で文書は国宝に指定された。

そして今日一番驚いたのは葛籠尾崎の展望台がものすごい車と人で溢れていたことだ。ドライブウェーができたせいだ。

道路というものがいかに文化文明に影響を及ぼすかの好事例でもあった。

車の時代というのはあらゆる所へ簡単に移動できてかつての陸の孤島にも簡単に行けるのだ。葛籠尾崎には売店も有って渋滞が起こるほど人で溢れていた。

私も観点を変えなければいけないなと思った。

帰りの電車の中や葛籠尾崎の上で今日のプロ野球を携帯で見ていた。結局携帯の情報が一番手近で早いということになっている。今や車と共に携帯の時代である。

歩き旅
15

4月16日（日）
永原―近江塩津
15日目

19,059歩

前回4月1日に葛籠尾崎の先端まで歩いた所でなぜか私は一つの謎解きができたような気がした。以前から伝説の村落として私の頭にあった菅浦。その謎の菅浦に行けたたし葛籠尾崎も半周を歩いた。旅を始めた時、琵琶湖の南端に住みながら葛籠尾崎の読み方も知らなかった。

葛籠尾崎の展望台から東岸の平野を見て琵琶湖の西岸から東岸を望むところに至ったのが分かった。

それでもなお菅浦と葛籠尾崎は私の頭の中では不思議であり続けている。

人生最高の花見から2週間がたった。まだ余韻に浸っている。やっと次の旅に出かけたらという気がしてきた。

今日は葛籠尾崎の根元を近江塩津に向けて東に横断する。葛籠尾崎の西側の付け根にある大浦の港はほぼ琵琶湖の北端だが、琵琶湖の最北端は峠を越えた近江塩津の港だ。

永原駅から国道303号沿いに東に向かう。なぜか永原駅のすぐそばに立派な建物がある。永原駅は無人駅で結構田舎なのになぜこんなにも立派な建物があるのだろう。

地図で見ると公民館らしい。文化を遍く行き渡らせるためか。どうも建物はすごく立派だが中身を充実させるのは大変だろうと思う。まあ税金を使うのには簡単な方法なのだろうが。

この地を地盤とする国会議員のポスターをよく見る。

その公民館のそばを通り抜けてしばらく歩くと国道303号線に出る。この国道は岐阜から琵琶湖の北を西に抜けて小浜に至るいわばマイナーな国道で従って交通量も少ない。

歩く私には有難いのだがそれでも時々大きい騒音と共に大型トラックが通り過ぎていく。

私はすぐに脇道に入り歩いていくとそこには思わぬ特典が付いてきた。この辺りではすでに先々週さくらの満開を終えて今は葉桜となっているのだが、まてて八重桜は今が満開である。

その八重桜の林の中に迷い込んだ。

脇道はいわゆる旧道、そこに古くから植えられてきたであろう八重桜の見事な群落の中に居たのだ。

満開の八重桜の群落などは滅多に見られるものではない。

単に通り過ぎるのは誠にもったいない。私はリュックから椅子を取り出し大休憩。

そこで思った。

私のこの旅はなんて恵まれているのだろうか。計画もしていないのに最高の時期に最高の場所にいるのだ。誰がこんな配慮をしてくれたのだろう。

天の御蔭としか言いようがない。

人によってはこれをツキというのだろう。そういえばこの旅はたびたびツキに恵まれている。

いやこの旅ばかりではない。人生ほとんどツキは良かったような気もする。もちろん落ち込むことや絶望感に苛まされることもたくさんあった。だが年月はそれらを忘れさせてくれた。忘却は天が年寄りに与えてくれる最大のプレゼントだというべきだ。その結果今はツキに恵まれた人生だったと思えてくる。

長い休憩を満足して終えて再び近江塩津に向け歩き出した。

そして次に私の見たものは美しい田園の風景だった。

それは決して古いものではない。圃場《ほじょう》整備事業によってできた全く新しい田んぼの景色である。一つの田んぼの面積がとても大きくまた直線で区切られ並んでいて近代的なイメージの農村だ。広大な農地の周りの山側には集落があり、それはそれでとてもきれいに見える。新しい計画と近代化された農業土木技術そして土木機械の賜物である。

棚田の風景を懐かしがる人もいるが、それはそれとして新しい田んぼの風景もきれいに見える。何より大型の農機具をなんの支障もなく使えて、おそらく農法や品種改善も進んだ御蔭で私たちはおいしいお米を値段も気にせずに手に入れることができる。恵まれた世の中になったのだ。

後世から見たら今は稲作農業に一つの革命が起こった時代に見えるかもしれない。

子供の頃の童謡におぼろ月夜というのがあった。

その二番は

里わの火影も　森の色も
田中の小道を　たどる人も
蛙のなくねも　かねの音も
さながら霞める　朧月夜

と美しくも懐かしい夕暮れの田舎が目に浮かんでくるような歌詞で私は大好きである。

昔ののどかな農村の風景が自然と思い出されるのだ。

しかし現代の子供にはかなり解説をしなければ分からないのだろうかとも思う。

脇道もとうとう無くなって国道に合流する。

なんとその角に花壇があって春の花がまさに今満開だった。

チューリップやラッパ水仙は分かるとしても、無粋な私にはそこにある花の名前が浮かんでこない。

でもその配置や配色はセンスを感じさせるもので美しい。

よほどの花好きの人が植えたに違いない。

私も花が好きで時折球根を買ってきて庭に植えてはいるが、単なる直線の配置が多い。

また咲く時期が分かっていなくて植えている。

したがってあちこちで時期がずれて咲き出すのだ。

植えるときは単なる球根で、その種類や性質を良く分かっていないとこのように見事にはいかないはずだ。

その事にも感心した。

植えた人もこの結果にはさぞ満足していることだろう。


さてここで戻った国道には少し驚かされた。

なぜか、ここでは中央分離帯がやたら広いのだ。

昔カナダを旅行した時に分離帯が１００ｍ以上もある所があって、〝カナダは土地が広いからな〟と感心したことがある。

そんな所では対面衝突は起こり得ない。

でもここでも広く、上りと下りが別個の道路のように見える。これは歩く者にとっては有難い。車に遭う確率が半分になる。従って騒音にも出会いにくい。

しばらく歩いて行ってその理由が分かった。

上り下り別々に二本のトンネルがあったのだ。

私は有難く交通量が半分のトンネルを進んだ。

だが全てが上手くいくとは限らない。

もうほとんど通り過ぎようというときに二台のトラックが侵入してきた。すさまじい騒音がトンネル内に響き渡る。

防ぐのには耳栓しかない。

私はあきれるばかりの嫌悪感に耐えながらやり過ごした。

およそこの世の騒音のほとんどは車から発せられる。と悪態をつきながら。

が、抜け出た途端素晴らしい光景が待っていた。そこは峠の上にあたり、目の前に近江塩津の田園地帯が広がりそれを見下ろせる。後はそこに向かって下っていけばいいのだ。

そしてその下りでまたしても会った。

丁度満開の素晴らしい花壇に。しかも今度は道路の向こう側に芝桜の絨毯まである。

山を貫くトンネルの向こう側とこちら側では集落は違うはずだ。

だが人の心根は同じだった。

とうとう琵琶湖の最北端近江塩津に着いた。

田園の真ん中で国道303号線は国道8号線に交わる。

ここから右、つまり南方を向くと少し距離を置いて琵琶湖の最北端が望見できる。

左、北方向を山側にしばらく歩くと近江塩津駅がありここで湖西線と北陸線が合流する。

つまり琵琶湖の西側と東側の交通路が一緒になって福井の敦賀に向かう。

がこれは現代の事、明治の半ばまで北陸から京都への輸送路は近江塩津を経て琵琶湖の湖面を利用するものだった。敦賀から山を越えて近江塩津港に運ばれ、そこからは琵琶湖の水運で大津に行き再び陸路で京に至るというものだった。

長浜から北に延びる北国街道はもっと東で福井に繋がる。

坂本竜馬が福井のお殿さん松平春嶽に会いに行ったのは多分北国街道を通った

のだろう。

さて琵琶湖の最北端にご挨拶するのは次回に残しておいて今日はそのまま北の近江塩津駅に向かって登って行った。

そこでも途中にもう一度芝桜の大きな赤い絨毯のお出迎えを受けた。

近江塩津駅からは直接関西方面に向かう新快速電車があって我が石山には簡単に帰れる。

いよいよ次回からは琵琶湖の東岸だ。

歩き旅 16

4月28日（金） 16日目

近江塩津—飯浦

17,339歩

今日はこの歩き旅で初めて私の最寄り駅の琵琶湖線（旧東海道線）石山駅から乗り換えなしに直接目的駅に到着した。

関西からは新快速という便利な電車が福井県の敦賀まで走っていてそれを利用する。

滋賀県内では乗る石山駅はその最南端、今日降りる近江塩津駅は最北端である。降り立った近江塩津駅は桜が終わったとはいえまだ早春の雰囲気で少し寒い。この駅から一つ西の永原から今津にかけてはとても面白い特徴がある。それはこの辺りが多雪地帯というのもあろうが田舎の人の温かみを感じさせるものだ。

ＪＲの駅の椅子はプラスチックでできていて座ると冷たい。その椅子全部に座布団が掛けられているのだ。色も柄もまちまちで地元の人たち、多分年寄りが作ってつけてくれたのだろうと思う。座って暖かいのも有り難いが、それ以上に人情が感じられて心が温まる。

近江塩津の駅を出るとすぐ前が国道８号線だ。北陸線は少し高い所を通っているので湖西線も高架になって繋がっている。その下を湖岸に向かって下っていく。

途中から国道を離れて川沿いの道を進むともう釣り人がいた。この歩き旅では常に釣り人に出会う。今までは全てバス釣りだった。でも今日は違う。このまだ肌寒い季節に川釣りをしているのは多分小鮎狙いだろう。もうアユの遡上が始まっているのだ。

この川の上流は福井県境までほとんど人家がない。だから水質は昔のままで自然に近い。もしかしたら古代湖琵琶湖の生態系を残しているのかもしれないと思うほど水はきれいだ。

さらに琵琶湖の北端に向かって進んでいくと紫式部の歌碑がある。そのわけは父藤原為時が越前守になって越前に赴いた時紫式部もこの地を通っていたからだ。大津あたりから船に乗って塩津に着きそこから陸路を越前に向かったのだろう。船旅の途中にある白鬚神社にも歌碑がある。次々に歌が浮かび詠まれたことがよく分かる。

私は百人一首の「めぐりあひて　見しやそれともわかぬまに雲がくれにし夜半の月かな」しか知らないが。

湖畔に至る途中には道の駅があってそこにかつて琵琶湖の海運を担っていた丸子船の復元模型があった。さすがに北陸から京を結ぶ物資輸送の大動脈を担っていただけあって現代の漁船よりも一回りも二回りも大きく堅牢そうだ。現代風に言えば大型ダンプ一台分の荷が載せられるとでも言うのか。

さらに琵琶湖の北端に向かって進む。そして出た。

私は周辺を見まわして何処が最北端かを確かめてみた。

それは川の出口に設けられた掘割のようであった。

そこが琵琶湖の湖面の最北端だった。

ここからは私の住む琵琶湖の出口瀬田川まで60㎞以上はある。今ここにある湖水は何日後出口に至るのであろうか。想像もつかない。

私はこの琵琶湖の南端から今北端の水面を覗ける場所まで歩いて到達できた。感慨深い。

ここから南方を見てみると右に葛籠尾崎左に藤ヶ崎が迫っていてどこか北欧のフィヨルドのようにも見える。

そしてそこには琵琶湖沿いの道はない。

今日の予定は左の藤ヶ崎の湖畔を回って行ける所まで歩くことにする。左にある集落に向かうが途中塩津港らしい所がない。国道8号線の下をくぐろうとして分かった。

その通路には塩津港の遺跡の写真が色々飾ってあった。

そう塩津港は国道の下に埋もれて遺跡となっていたのだ。

明治の初めごろまで使われていてそう古いものではないはずだ。ただ私は戦後の歩みをほとんど記憶している。戦後八十年近くになるがその前半は復旧に力が注がれて遺跡の保護は二の次だったろう。遺跡が手厚く保護されながら開発するようになったのは比較的最近の事である。

すっかり国道に埋まって遺跡となった塩津港を後にして次に進む。その先を見ると岬へと出る道路はかなり湾曲している。私は近道をしようとして田んぼの中のあぜ道を直進した。

それは大変近かったのだが道路に抜けるのに苦労した。獣除けの防護柵が張り巡らされていたのだ。若い人なら何でもないのだろうが年寄りの私は簡単には越えられない。

できるだけ低い所を探し苦労して苦労してやっとの思いで柵を越え道路に出ることができた。イノシシには無理だろう。この道はショートカットするトンネルができたので車の通行は少なく静かだ。真横に琵琶湖を眺めながら快適に歩けた。途中には鮎漁用の漁船や生簀《いけす》が幾つもあって鮎はこの辺りでは大事な魚で産業であるようだった。

鮎漁用の漁船は船の前方に大きな網が張り出していてすぐに分かる。それで掬い取るのだ。

広く車の通行の少ない快適な道路を歩いていると琵琶湖の静けさがより一層感じられて心がなごむ。車さえ通らなければ琵琶湖はものすごく静かなみずうみなのだ。

集落が近づいてくる。なんとそこはトンネルの出口だった。出発地の塩津からここへ一直線に抜けている。

車で通ったらあっという間だろう。だが私はそこをU字型に歩いて回って来たのだ。結構な距離がある。でも車の通行が少ない静かな道で充分琵琶湖と対話をして楽しく歩くことができた。

出た所は飯浦《はんのうら》という集落だ。国道8号線がほんのしばらく湖岸に出てすぐまたトンネルで木之本へと抜けていく。もう廃れてしまった休憩設備のあとと、寂れながらもまだ続けているレストランがあった。

早速中に入って主人に話を聞いた。

この後歩いて木之本に行けるかどうか。

答えはこうだ。

この先は湖岸を通る道は無く船で行くしかない。

では山越えで木之本に行くのは？

道も険しく熊が出るので通らないほうがいい。

結局私の本日の行程はここで終わった。

此処からはタクシーに乗って木之本経由で帰るだけ。

ひと段落した気分で珍しく水割りを頼んでゆっくりした。

でも話はここで終われない。

レストランの真ん前は賤ヶ岳（しずがだけ、標高４２１ｍ）その裏側は余呉湖《よごのうみ》である。

そうこの辺りは賤ヶ岳の戦いの舞台であった。

天下を統一したかに見えた織田信長が本能寺の変で命を落とし、討った明智光秀は山崎の戦で羽柴秀吉に敗れて織田信長の跡目争いは混とんとしていた。

跡目争いで激しく対立した越前の柴田勝家と秀吉が戦ったのが賤ヶ岳の戦い

だった。

余呉湖の南、賤ヶ岳の北面に兵を進めた柴田勝家軍に対して木之本から賤ヶ岳南面に進軍した秀吉軍が賤ヶ岳をめぐって争った。その時秀吉軍の先頭に立ち戦陣を切り開いたのが加藤清正をはじめとする賤ヶ岳七本槍と称される将兵たちである。激戦であったと伝えられている。

私が今いる飯浦にも柴田軍が進出し陣を張った。ここから賤ヶ岳のほうに駆け上って奮戦したのだろう。今いる所からはおそらく雄叫びが聞こえたに違いない。そして勝った秀吉軍の勝関はこの飯浦に木霊したことだろう。

戦いに勝った秀吉軍は敗走する柴田勝家を越前北の荘城まで追撃して包囲し勝家と夫人で信長の妹お市の方らは自害した。

いつの時代も戦争というものは厳しいものである。

かくてこの戦に勝利した秀吉はその後も幾つもの織田家跡目争いに勝利し信長の後継者となった。賤ヶ岳の戦いはその中の大きな一歩だったのだ。

この時秀吉は四十五歳ぐらい、そして六十一歳まで生きた。

今この飯浦に響くのは国道を通るトラックの騒音のみである。私はタクシーを頼んで一気にトンネルを抜けあっという間に木之本駅に着いて石山に帰った。

歩き旅
17

5月5日（金）
17日目

木之本ートンネルー角田宅ー長浜

19,427歩

前回の旅で木之本の琵琶湖沿いには道が無いことが分かった。でも琵琶湖一周を完成のため取り敢えず前回帰りの乗車駅木之本駅に向かう。木之本の琵琶湖沿いにある山並みは数キロ続いているがその南端から琵琶湖に出られたらよしとして。タクシーに乗って相談してみたら山並みの端よりかなり手前からトンネルを抜けて琵琶湖に出られるらしい。そしてトンネルを抜けたところの湖岸で降ろしてもらった。琵琶湖岸に出るといつもほっとする。さざ波が寄せて来てバス釣りがいる。いつもの光景だ。でもここは少し違う。対岸には視界いっぱいに葛籠尾崎が横たわっている。対するこちら木之本側も山並みだ。琵琶湖でただ二か所しかない、湖沿いに道がない場所がみずうみを挿んで対峙しているのだ。

葛籠尾崎の先の琵琶湖は水深が深く80ｍほどだ。

そしてそこには湖底遺跡がある。この遺跡では縄文時代から平安時代のものまで完全に近い土器が１４０点ほど出ているらしい。

周辺には全く集落の跡もなくなぜ遺跡がそこにあるのかは未だ謎のままだ。少し歩いた所に湖底遺跡の博物館があったので期待していたのだが残念ながら今日は休日、閉まっていた。

その先の尾上岬、旅館や漁港があり少し栄えているあたりをこえると〝水鳥湿地センター〟があった。

この辺りの琵琶湖は遠浅で葦等がよく生えていて水鳥などの生息には誠に都合がよい。

センターにはたくさんの望遠鏡が琵琶湖のほうに向いている。だが今は水鳥も北に帰っていて鳥の数は少ない。

なぜか陸のほうを向いた望遠鏡もある。

その先は山本山、海苔屋のような名前だがこの辺りでは有名な山だ。

なにしろ二十六年にわたりここで越冬するオオワシがいるのだ。人は親しみを込めて〝山本山のおばあちゃん〟と呼んでいる。およそ三十歳以上人間で言えば八十歳を超えているそうだ。

毎年十一月に飛来し三月にはオホーツクのほうに帰るらしい。その写真を撮りたくてアマチュア写真家が集まり観光地化している。

たった一羽で観光地を作るなんて偉いやつである。山本山は琵琶湖に近く餌のブラックバスが獲りやすいのも越冬の理由らしい。

ブラックバスが意外なところで役に立っているとは。

そのあと琵琶湖沿いの新しい道を進んで虎姫の当たりでＪＲに向かった。途中にある娘婿の実家に寄ったら長浜駅まで送ってもらえた。

長浜まではもう一日かかる。

18〜20日目

秀吉の長浜から徳川の彦根へ

歩き旅 18

5月17日（水）

虎姫―長浜

18日目

19,986歩

前回の旅で琵琶湖の湖岸からＪＲに向かった場所ビオトープ早崎を今日の出発点とする。取り敢えず最寄りと思われる北陸線の虎姫駅で降りた。初めての駅で思ったよりも小さかったがタクシー乗り場があった。

行く先をビオトープ早崎と告げたがビオトープとは野生生物がすむ生物空間の事で早崎は地名である。

琵琶湖総合開発で湖岸に道路を作った際内側に残された琵琶湖の一部だ。

ここからは竹生島が正面にしかもすぐそこに見える。また竹生島神社辺津宮があり竹生島の神主さんは毎日船で通っているそうだ。

少し歩くと奥びわスポーツの森がある。森といっても琵琶湖沿い。釣りをしている人もいる。時々湖岸に降りて砂浜を歩いた。静かな湖畔では小さな波が崩れる音が大きく響く。

次第に大鷲の飛来する山本山や竹生島が遠くなっていって代わりに伊吹山が近くなった。

途中にビワイチの看板があって瀬田唐橋から右回りで115km左回りで78kmとあった。三分の二近く歩いた事になった。

この辺りで食事することは期待できないが携帯で猫カフェを見つけたので寄ってみた。

猫たちは血筋が正しいらしく威厳に満ちていた。

私は幸いなことにサンドウィッチにありつけた。

少し歩いて姉川の河口を渡る。この上流が姉川の戦いの古戦場である。姉川の戦いとは織田・徳川連合軍と浅井・朝倉連合軍の合戦で関ヶ原の戦いの三十年前に起こった。

後は長浜まで湖岸道路の単調な道、幸いなことに交通量は少ない。歩くのに目標がないぞと思っていたら、小さく煙突が見えた。古い紡績工場のもので紅白に塗られている。なかなか高くなって来ないがあの下が長浜市、格好の目印だ。

琵琶湖周航の歌に今日は今津か長浜かとあるが私は六日間掛かった。

次第に紅白の煙突が高くなってくる。その下を通り抜けたらそこが長浜駅だった。

歩き旅 19

5月20日（土） 19日目

長浜ーエクシブ琵琶湖

16,787歩

今日は5月20日で回数は19回目。

駅に着いて少し長浜の町を見物してみた。

町中の橋の上から川の中を覗き込むと透き通った水の中、鮎の群れが渦を作って泳ぐ姿が見える。人口十二万人の市の真ん中でだ。

おそらくそれなりの努力の結果の水質なんだ。

それで琵琶湖も守られている。

今日の予定は先ずは長浜名物焼鯖そうめんを食べてから。焼鯖そうめんは珍奇な食べ物のように思っていたが食べて見ると結構おいしい。サバの煮汁を絡ませたソーメンと焼き鯖の切り身が入っている。汁はない。

目の前に長浜城がある。羽柴秀吉が築城したが今は鉄筋コンクリートの城で資料が飾ってある。

長浜はその城下町として発展した。

曳山祭りや子供歌舞伎はその頃から伝わり長浜の人の誇りだ。長浜の人は秀吉が大好きで城の辺りも豊公園と名付けたり駅には太閤さんの肖像画が出迎えたり。市の東側には石田町という所がある。そこの出身石田三成も又好きだ。従ってこれは想像だけど江戸時代は多少肩身の狭い思いをしていたが明治維新は嬉しくてお祭りをしたい気分だったろう。豊臣を終わらせた徳川の時代が終わったから。とこれは全く私の妄想だが何人かはそんな気持ちでいたのではないか。

江戸時代はむしろ隣の彦根藩が幅を利かせていたことだろう。

長浜の湖岸は今でもホテルやヨットハーバー長浜港などが整備されていて小粋である。一方彦根は城が中心の町だ。

今日は風が強くてしかも追い風が涼しくて歩きやすい。

それを利用して若者たちは楽しむ。

帆をつけたボードに乗ったり凧のように帆を飛ばして水面を走ったりといろいろな楽しみ方をしている。私にはその呼び名は分からない。

そして今日の琵琶湖は珍しく大波が立っていた。場所によっては波しぶきがかかる程に。

今日の目標はエクシブ琵琶湖と決めていた。これは琵琶湖畔にある高級リゾートクラブだ。なぜならタクシーを呼んでもらえるからだ。歩く途中で最寄りのタクシーを呼ぶのは番号も分からず難しい。その点施設や店は簡単に呼んでくれるので厚かましくも便乗させてもらっている。

エクシブ琵琶湖には大勢のお客さんがいた。コロナが落ち着いて旅行する人が増えたのだろう。

そしてタクシーから見ると米原の辺りは今田植えをやっている最中。湖北に比べるとだいぶ遅いように思う。

五月も終わりになってやや暑くなってきた。

歩き旅も夏の間は休もうと思っているが今日は風の御蔭で涼しく歩けた。

歩き旅 20

5月28日（日）

エクシブ琵琶湖―彦根城

20日目

16,415歩

今日はエクシブ琵琶湖までタクシーで行って歩き始める。

夏も近づく八十八夜は五月の初めごろだから今はもう夏だ。地球温暖化でなおさら暑い。この旅も一旦終わりにして秋になったら続きをやろう。今日は彦根で終わるから切りもいい。

竹生島は右に小さくなり多景島が真ん前左に沖ノ島が見えてくる。多景島は島と名がついているが岩礁だ。最近は観光船がサービスで上陸させてくれるらしい。

この辺りは湖岸に道路が続いておりビワイチのコースでもある。ビワイチの人はすれ違う時に挨拶をしてくれる。特に外国人は派手にやってくれて嬉しくなる。

その点日本人は控えめだ。

彦根に近くなると松林沿いの砂浜が増えてくる。早くも子供たちは琵琶湖に入って水遊びをしている。

小さく見えていた彦根城も目の前となりそろそろ今日の行程も終わりだ。

琵琶湖周航の歌の五番は彦根城

矢の根は深く　埋《うず》もれて
夏草繁《しげ》き　堀の跡
古城にひとり　佇《たたず》めば
比良《ひら》も伊吹も　夢のごと

琵琶湖一周も約三分の二を終えた所だ。

周航の歌の四番は竹生島。

ここは歩き旅を休んでいる間に訪れよう。

歩き旅
番外

竹生島
6月24日（土）

竹生島は西側つまり今津からは二三度行ったことがあるので今回は東側長浜から行ってみよう。もともと竹生島の地名は長浜市早崎となっていて長浜に繋がりが深い。

驚いたことに全体が花崗岩の一枚岩で出来ているらしい。

周囲二キロメートルもあるというのに。島の周りのみずうみは水深が七十メートルもあり湖底から突出している島なのだ。しかもその深みに湖底遺跡もある。

長浜からの遊覧船は思ったよりも大きく立派で客も多かった。南側から近づくがこの方向から島はヒョウタン型に見える。そうひょっこりヒョウタン島のようだ。ヒョウタンの紐を結ぶ辺りに港があって上陸するとそこは宝の島。

国宝重文が十幾つかあってゆっくり見学しなければなるまい。帰りを今津行きにして一便遅らせて通常の倍以上の時間滞在することとした。

宝厳寺唐門は近年修復されてきらびやかで美しい。

あちこち石段に腰掛け休み休みゆっくりして、お札《ふだ》も頂いた。

竹生島神社（都久夫須麻神社）の本殿は宝厳寺唐門と共に国宝である。

石段を登った見晴らしのいい場所に土器《かわらけ》投《な》げがあった。早速試してみたが何としたことか、目の前にしか投げられないのだ。かつては野球部で監督の先生から大津市一強い肩だと煽《おだ》てられていたというのに。

85歳はそんなものだと改めて気づかされた。

たっぷり過ぎるほど竹生島で時間を過ごして今津行きの観光船に乗った。降りたらそこに琵琶湖周航の歌の歌碑があった。琵琶湖周航の歌は今津で作られたとされ資料館もある。

その三番は

番外
竹生島

波のまにまに　漂《ただよ》えば
赤い泊火《とまりび》懐かしみ
行方定めぬ　波枕
今日は今津か　長浜か

そして四番は
瑠璃《るり》の花園　珊瑚《さんご》の宮
古い伝えの　竹生島《ちくぶじま》
仏の御手《みて》に　抱《いだ》かれて
眠れ乙女子　やすらけく

今日は三番と四番を回ったことになった。

21 ～24 日目

井伊直弼から
人情料理屋

歩き旅 21

彦根—県立大学前

10月7日（土）

21日目

17,001歩

いよいよくそ暑い夏が終わりを告げ、わずか1週間で気温は一気に15度近く下がった。私は暑い夏の間止めていた、琵琶湖一周の旅を再開する事にした。10月7日、天気は良い。今日が21日目で、5月に歩いたときの最後の駅、彦根駅より始める。

夏の間、地図を見ながら考えていた通り、彦根駅から埋木舎《うもれぎのや》を見て彦根城の庭園、玄宮園を一周して城内を琵琶湖に向かい、歩き出す計画だ。埋木舎は徳川末期１８６０年桜田門外の変で殺害された井伊直弼が17歳から32歳までの15年間を暮らした屋敷である。直弼は先代藩主井伊直中の実に14男であった。さすが殿様、という所か。その14男が上りつめて徳川幕府の大老に迄なった人物である。大器晩成の典型であるとも云える。しかもその埋木舎は現在も残っていて大変立派な屋敷である。当時の殿様とはいかに財力があったかが分かる大きさだ。ちなみに入館料と引き換えにもらった資料によると、桜田門外の変は早かごで4日目に彦根に知らせが届いたそうである。1日120km程の速さだ。今は車で120kmは1時間で行けるから、24倍くらいの早さで人は動ける。新幹線なら60倍だ。

余談はさておき、彦根城の天守は大きくはないが、城内となると随分と広い。今では彦根東高校や滋賀大学が城内にある。彦根城から真っ直ぐ琵琶湖に向かい、湖畔沿いに歩く。この辺りでは冬の西風で波が立ち飛沫が飛ぶからか、砂浜から2mくらいの高さで家が建っている。又は水際から50―60m離れた所からだ。

彦根の眼の前には多景島が見える。大きくはないが岩で小高くなっていて立派に見える。琵琶湖で三番目の大きさの島だ。ちなみに一番大きい島は沖島で、淡水湖にあって日本ではただ一つ人が住んでいる。二番目は竹生島で神社仏閣があって武将たちが武運長久を祈りに訪れた。

遊覧船が多景島の周りを一周しているのが見えた。対岸に見える山々は湖北の山で、この辺りでは湖の幅が広く少し霞んで見える。

昼食を取る所もなかったので歩き続けたら腹が減った。滋賀県立大学の前を過ぎたあたりに小さな看板でエイトヒルズという店を見つけた。店を見つけるのはとても大事だ。なぜなら大概タクシーを呼んでもらえる。スマホだけでは何処に掛けたらよいか分からないのだ。意外なことにこの旅でスマホに頼ったことはほとんどない。たまに今歩いている道が行き止まりかどうかを調べるときだけだ。

早速中に入ってみたら驚いた。とても立派な生ハムの塊がショーケースにどーんと並んでいるではないか。まさかこんな所にこのような店があるなんてとても思いもつかなかった。

早速生ハムのランチを頼んだ。腹が減っていたこともあってパクパクと頂いた。とてもおいしい。さあ今日は再開初日なのでこの辺にしてと思って店の人に頼んでタクシーを呼んでもらう。着いた先は南彦根駅。たった1駅しか歩けなかった。

歩き旅 22

荒神山ー魚増

10月9日（月）

22日目

12,732歩

今日は琵琶湖に出る前に荒神山に登るつもりで南彦根駅からタクシーで山の麓に向かう。荒神山は彦根城の小高い丘から南方にある高さ300mくらいの山で色々な施設があるらしい。兎に角登ってみようと歩き出した。立派な道が整っていて、ジョギングする人たちに会う。が頂上は案外遠くて、私は体調と相談しながら半分を過ぎたあたりで登るのを諦めた。途中からバイパスして下る道があったのでそれを下る。ところがこれが回り道で、下に着くまで一息掛かった。周辺には立派な設備がある。青少年用の設備なんかが整っている。そこから琵琶湖を目指したが、この道が長い。ずっと宇曽川《うそがわ》沿いに続いている。途中には運動公園があって、ここも設備が整って広い。が、人は少ない。今日はスポーツの日のはずだが。この公園もまあ税金は充分に使われている。真っ直ぐ琵琶湖に行くのに宇曽川沿いの道を歩く。行き着いた先はひなびた村落だった。ただ今どき、家は新旧入り混じって、全て立派できれいである。

少し湖周道路を離れて湖側の道路を進んだが、やがて湖周道路に戻った。ただ湖周道路の琵琶湖側には松林があって平地となっている。しかもきれいに草が刈り取られている。私はその緑地を静かな湖岸に沿って歩いていった。しばしば水鳥の群れが近づく私に驚いて沖へ逃れて行く。これはこれまでも、これからも続く風景であった。

そして砂浜に沿って歩いていると一人の青年に出会った。あいさつをして話をしてみたら、ボートで多景島に行くのにボートを漕ぎ出せる場所を探していたようだった。彼の話では多景島の周りでは比較的簡単にビワマスが釣れるそうだ。琵琶湖の宝石ビワマスがだ。

私は少し驚きながらも感心した。このあたりの自然は私が思っている琵琶湖とはかなり違って古き良き時代が残っているようだ。

そして歩いて行くうちに腹が減ってきた。その人にも聞いたら少し先に行くと料理屋があるそうだ。私は頑張ってその店に着いた。しかし満席で食事ができなかった。私は諦めて歩きかけたら思いがけない事になった。

食事を諦めて歩き出したら呼び止められた。私が歩いて琵琶湖一周をしていると聞いて少し待ってと言っておにぎりを作ってくれた。その内容が立派で、おにぎりの他にいろんなおかずを詰めたものを出してくれた。しかもお金はいらぬと云う。私はお礼を言って有難くよばれた。おいしかった。ついでに今日はもう歩くのはやめようと思ってタクシーを呼んでもらえないかと頼んだのだが。タクシーを呼んでもここまで来てくれないから駅まで送ってあげると店のお爺さんが言い出した。田舎の事とて熱心に言われて断り切れず、(これは私の悪い癖なのだが) 送ってもらうことにして軽自動車に乗せてもらった。乗ってみると稲枝の駅までは遠い。お爺さん (私もお爺さんなのだが) は90歳と言われた。これは大変。90歳のお爺さんに車で送ってもらってしまったのだ。ただただ有難く、こんなにお礼をいっぱい言いたくなったのは今回の旅で初めてだ。私は何回も何回もお辞儀をしてお礼を言った。

結局ＪＲ琵琶湖線の稲枝駅から電車に乗って帰った。

歩き旅 23

10月14日(土)

魚増—新海浜

23日目

19,834歩

今回は稲枝駅からスタート。前週に行った湖周道路の料理屋さん、魚増に寄った。前の週に魚増の前で腹が減ったので食事を頼んだら、満席で断られたのだが。私が歩いて琵琶湖一周をしていると知っておにぎりを作ってくれた。他にいろんなおかずを詰めて立派なものだった。しかもお金はいらぬと云う。私はお礼を言って有難くよばれた。

ただただ有難く、こんなにお礼をいっぱい言いたくなったのは今回の旅で初めてだった。

もし今書いている文章が本になったら必ず届けなくてはならない。

その翌週が今日10月14日である。私は思いついて2—3日前にデパートに行ってちょっとした菓子折を買っておいた。今日は稲枝から直接タクシーでこの前の魚増に行った。お爺さんも元気に歩いて仕事をしておられ、私は再びお礼を言い菓子折を渡して、少しでも感謝の気持ちを伝えられたらいいなと思いながら次へと歩き出した。

少し歩くと〝あのベンチ〟というものがある。名所であるらしい。松の木が1本立っていてその下にベンチがある。4、5人が並んで座れるいわゆるベンチである。そしてすぐ前は琵琶湖が一杯に広がって見える。私はなぜそのベンチが有名なのかは知らないが、数台のバイクが停まっていてバイクやヘルメットも一緒に写るようにして記念写真を撮っている。写真映えするのだろう結構有名な場所のようだった。

それからの湖岸は人工的に作られたと思うぐらい真っ直ぐの直線である。直線道路は歩きづらい。疲れるように思えるのだ。そんな時私は下を向いて歩く。今日は昼食用におにぎりを石山駅で買っておいたので、浜辺の東屋で1個を食べていた。でも少し腹が減ってきたなと思ったとき、〝きみと珈琲〟と云う名の喫茶店があったので喜んで入った。その店は金属、特に鉄を加工するのを趣味にしているようで、〝OPEN〟の表札も鉄板から文字を切り抜いたものだった。色々と加工品が展示されていたが、私はただケーキとコーヒーをよばれた。こんな店があるとはラッキーと思わざるを得ない。

少し浜沿いに歩くと公園があった。何とこの公園はバーベキューやテント張りなどが許されている大変めずらしい公園だった。たくさんの家族やパーティーがテントを張りバーベキューを楽しんでいる。子供も走り回っている。これだ!! これだ!! このように琵琶湖は楽しむべきだ。私は琵琶湖を回って23日目にして初めてこんな景色に出会った。

〝立入禁止〟〝車乗入れ禁止〟〝バーベキュー禁止〟。何度このような標示を見てきたことか。

どこでも可能ではないかも知れないが、これが本当に琵琶湖を楽しんでいる姿だと、思わずひざ打ちしたい気分だった。滋賀県や各市も努力すべきではないか！　税金を使えるのだから。私はこんな取り組みをしている彦根市に万歳を捧げたい気分だった。

それに気を良くして歩いて行くと、新海浜という所に出た。ここの街並は他とちょっと違っている。所々に乗り合いタクシーの停留所がある。道路もとても広く、これが日本の街かと感心したくなるぐらい整っている。私は感心しながらなぜなのだろうと考えていた。とある場所にその訳が分かる解説があった。いわく市が街造りの基本計画を作り、入居者も条件を満たして街ができているらしいのだ。何と素晴らしい街ができているではないか。またしても彦根市に万歳を捧げたくなった。

そして感心したまま歩き続けていると、愛知川《えちがわ》を渡った。この頃から私の後からたくさんの人が歩いてくるのだ。気になって信号が赤になったときに聞いてみた。何と１００㎞を一日で歩くのだそうだ。時間はもう夕刻なのに、これから唐橋を渡って雄琴まで夜を徹しても歩くのだそうだ。今朝10時に長浜を出たと云う。

何と云う計画だろう。皆ゼッケンを付けていて、足元もウオーキング用の靴を履いている。でも中にはサンダルのような人もいる。さらに話を聞くと参加者は800人と云う。続々と人々が私を抜いて行く。私の計画とは何と段違いだろう。でもとてもじゃないが全員の達成は無理だろう等と考えていた。

私は本日の目標、彦根市から東近江市に入ったので、今朝調べておいたタクシーに電話をした。独り小さな携帯椅子に腰かけ、続々と通り抜ける人たちを眺めていた。帰りの駅は結局JR琵琶湖線の稲枝だった。次は能登川駅からにしよう。さらにこのあたりは近江盆地の中でも広い所なので、タクシー代も4,000円を超えた。今回の旅行で一番高かった。

でもそんなことはどうでもよい。

とにかく彦根市は抜けた。

歩き旅 24

10月28日（土）

24日目

伊崎寺ー近江八幡休暇村

12,763歩

前回で私は愛知川を渡って東近江市に入った。この後少し田んぼの中の道が続くので今回は少しその先の、かねてより気になっていた伊崎寺に向かうことにする。

伊崎寺は毎年8月1日の棹飛び行事が有名で、新聞記事になる。私はそれで知っていたのだが、どんな所か行ってみたくなり、能登川からタクシーで入口に向かった。

伊崎寺の入口には多くの車が停まっていて、思っていたより参拝客は多いようだ。入口からいきなり登り坂となっているのはちょっと予想外だったが、道はよく整備された広くきれいな砂利道である。この日は体調が特に良いわけでもなく、息を切らしながらゆっくりと登った。道の途中は竹林の中を通ったりして風情がある。途中ベンチがあったのでゆっくりと休憩して、また歩き続ける。この道のすぐ外は琵琶湖なのだが、道は結構高い所を通っている。大きな木々の繁る風情豊かな道なのだが、木と木のすき間から遥か下のほうに湖面が見える。100mぐらいの高さはあろうか。今日は風が少し強く、白波が寄せている。木々のすき間から見える白い部分は琵琶湖の湖面なのだ。

しばらくして、またベンチがあった。やはりこの道は少し歩くには厳しい道らしい。参道というより山道である。また十二分に休んでから歩き出す。それほど道は上り下りもあり長い。若い人たちは足早に私を追い抜いていくが、私の歩みは相変らず遅々としている。頑張って歩いていると、またベンチがある。やはりこの道は長くて少ししんどい道と分かってベンチを置いてくれている。伊崎の寺への風情ある道はまだ続く、ということは伊崎寺の境内はずいぶん広いのだ。

4回ベンチで休んでやっと寺に着いた。その寺は想像以上に立派な建物群だった。よくもこれだけ長い参道の先に作ったものだと感心していたが、やはり天台宗比叡山の支院となっている修行の寺なのだった。本堂の脇から棹飛び堂への案内があったので向かうと、少し下って崖の上すれすれにそのお堂はあった。この辺りは垂直に近い崖になっていて、お堂は崖一杯に建っている。少し下から棹飛びの棹が湖中に延びている。四角い木材で出来ていてかなりの長さであり、湖面からの高さも相当ある。長さは20m余り、湖面からの高さは10m以上はあり水も深そうだ。そこから僧たちは琵琶湖に飛び込んで行を行う。それが有名な棹飛び行事である。

この岬の先端は多分湖岸が崖のまま湖中に入っている希有な地形なのだ。

棹飛び堂から登り道を戻ると本堂がある。正面にあるお賽銭箱に持っている小銭を全部入れてお礼をした。そして両側を見るとたくさんの靴が並んでいる。その数が結構多い。庭にいたお寺の人に聞いてみると、中で護摩を焚いていて皆参拝しているとの事だった。この寺は参道でも感じたけれど、真に整っていて立派なお寺なのだ。境内もとてもきれいで私は心の中で感心して参道を下った。

今日の伊崎寺は来てよかった。

寺を出てしばらく歩くと、そこは沖島への通い舟の港だった。丁度今、沖島に向かう舟が出て行くのが見えた。しばらく歩くとこちらに来る舟も見える。沖島からは子供たちが船を使って近江八幡市に通学している。沖島はここからは正面一杯に見える大きな島だけに、通い舟の数も多いようだ。しばらく沖島を正面に見て歩き続けると、道は所々に休憩所もあってよく整備されている。なんとか疲れもなく国民休暇村に着いた。そこで一息ついてコーヒーを飲み、店に頼んでタクシーを呼んでもらった。タクシーは一番近い駅として近江八幡駅に行ってくれた。私が国民休暇村で歩くのを止めたのはその先の道は狭く車の往来も多く、しかもカーブが急なところがあって歩くのには適さないと考えたからだった。次回はその出口長命寺を目指すことにする。

25～28日目

難所長命寺と帰ってきた水鳥

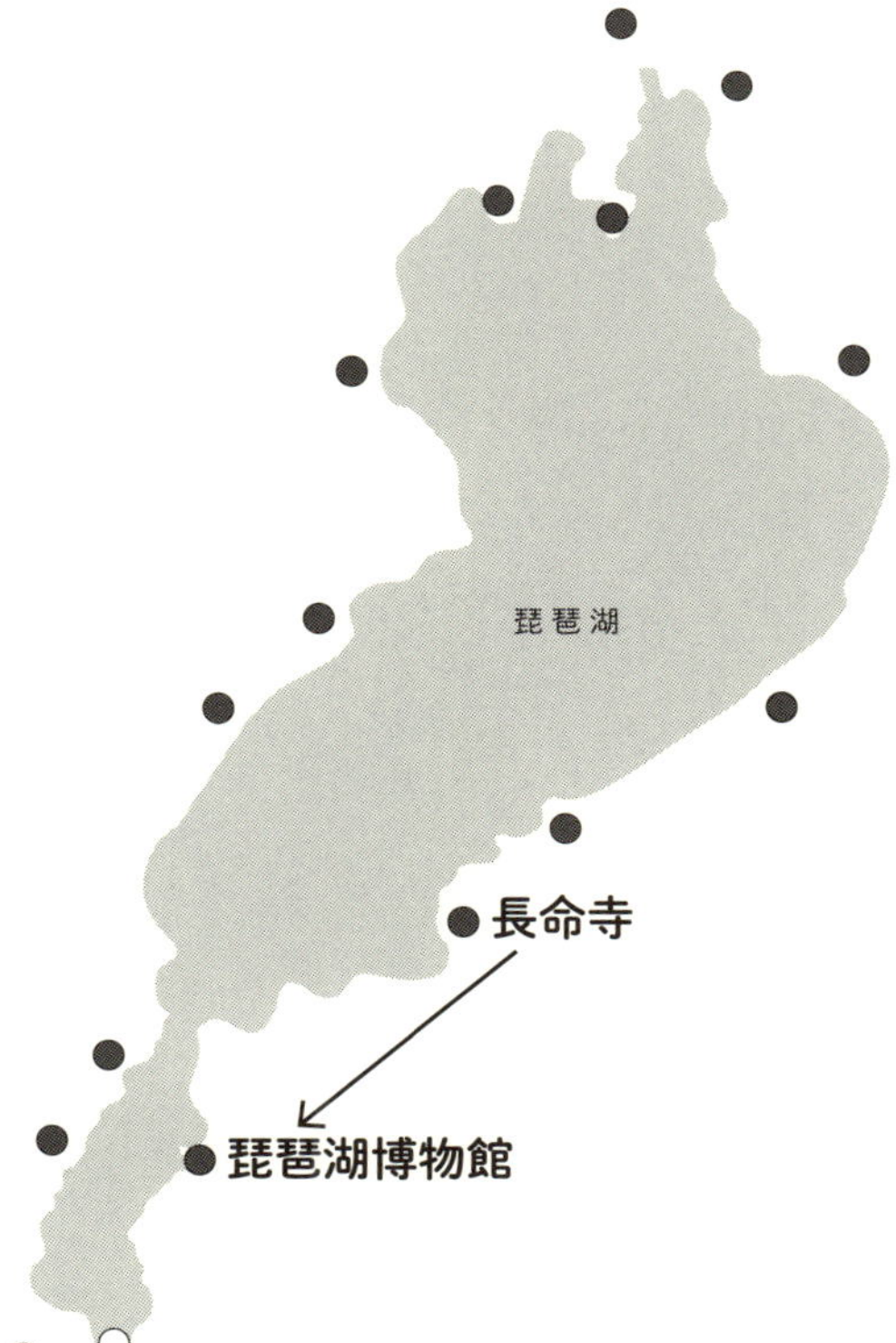

歩き旅
25

11月4日(土)

長命寺ー白鳥川

25日目

石段800段を含む
9,108歩

今日は11月4日で薄曇りの天気、ちょっともたもたして出るのが遅れたが11時のバスに乗った。降車駅は近江八幡になったので今までより随分近く感じる。

今回の琵琶湖一周の旅二十五回目にして初めて駅からバスに乗って湖岸に向かった。今までは歩くかタクシーに乗って湖岸に出ていた。

前半の湖西と湖北は駅から歩いて湖に出た。

東側に入ってからはタクシーが多かった。

近江八幡駅の案内所で長命寺行きのバスの便を問うと、

〃808段の石段がありますよ〃と念のためのように説明してくれた。今日は土曜日、長命寺行きのバスは満員で、所々私も知っているヴォーリズの建物のバス停で客を降ろしながら市内を縫って進んで行く。でも長命寺の手前で客はほとんど降りてしまった。近江八幡市には色々名所があるらしい。

降りた所は丁度長命寺の石段下。横にはおいしそうな〝長命寺そば〟というそば屋があった。覗いてみたら満席だったので、帰りの楽しみにしておこうと思って石段にチャレンジを始めた。私の近所に立木観音というのがあって、そこは700段余りの石段で登りが辛いので有名である。立木観音には何度か上ったことがあり、長命寺の石段も20年以上前に上った事がある。

だが今はもう歳を取ってしまっている。

今日の長命寺の参詣の石段は、今度の琵琶湖一周最初にして最後の難関かと思う。今まですでにに琵琶湖の水辺の四分の三以上は歩いてきたが上り下りは少なかった。初めての本格的な登り何しろ808段の石段だから。兎に角何とかなるだろうと、恐る恐る登り始める。ところがここの石段は一段一段が高くてとても力が要る。

参拝者は多いほうで、皆簡単に私を抜いて行く。85歳で挑戦している人は私だけかもしれないが、兎に角休める場所があればすぐ休むという作戦で進む。我が足頼りで頑張ることとする。が一歩一歩がひどく疲れる。持っていた水が少なくすぐに無くなった。これは失敗。疲れてくると、ぐらついてくる。ストックを持って来なかったのも失敗。今まで琵琶湖一周にこんな山道や石段上りがなかったので、準備不足だった。周りは深い森に覆われており、琵琶湖はおろか何の景色も見えない。ただただ石段。石段、石段……。できるだけ昇りやすそうな場所を選び一段一段を進む。二三段上って一息、上っているより休憩のほうが長い。それでも休憩を取り続けながら頑張ると、上方に建物らしいものが見えた。そうなると最後のひと踏ん張りがきくというものだ。と横に駐車場が見えた。大抵の人はここ迄車で来るらしい。一挙に人の数が増えた。でも一番下から登っていた人も多くいたし、その中の一員になれた事は幸せだった。

登り切った所には幾つか建物がある。三重塔、本堂、その他にも立派なお堂が建っている。

長命寺は琵琶湖周航の歌の最後の6番になる。

私は大目的の一つを達成した気分で大休憩をとった。そのあと一つ一つを眺めて回る。大きなお賽銭箱に有るだけの小銭を握り投げ込んだ。正面の広場のベンチからは琵琶湖の一部も見える。さすがに西国三十三所の札所、記帳してもらう人々が列をなして並んでいる。私はお札をいただいて、ついでに琵琶湖周航の歌の歌碑のことを聞いた。それは本堂のすぐ横にあった。琵琶湖周航の歌の最後の六番は次のようである。

〝西国十番長命寺　汚れの現世遠く去りて
黄金の波にいざ漕がん　語れ我が友　熱き心〟

素晴らしい歌詞だ。

私のもう一つの目標、琵琶湖周航の歌の一番から最後の六番までを歩いたのだ。私の心の中では琵琶湖一周の八割九割を達成したような気分だった。嬉しい心で一杯の私は、カメラでその歌碑を写しながら歌ってみた。一回目は上手く歌えず歌い直した。涙が湧き出るほど感激した。

ゆっくり拝観して、最後にまた琵琶湖周航の歌の歌碑の前で六番を歌った。今度はまともに近く歌えた。

本当に良い記念になった。

長命寺の境内には思い切り長く留まっていたくて、何度も巡り、休み、時間を過ごした。それでも尚、名残惜しい気持ちを持ちながら下り始めた。上りであれだけ苦しんだ石段だけに、慎重にゆっくりゆっくりと下った。そしてやっとの思いで登り口にたどり着いた。達成感はある。しかし苦しかった。

石段の前の長命寺港には休む場所もたっぷりある。不足していた水分も自動販売機で飲み物を買って一気に飲んだら腹一杯になった。

さて、出掛けに見かけたそば屋に寄ったら営業終了だった。まあこんな事もあるさ、と簡単に思い切れたのも今日の達成感の方が勝っていたからかも知れない。

そしてその後私は娘に電話をした。そう今日は終わったら迎えに来てもらう約束だった。車で迎えに来てもらう、もうそんな距離まで来たのだ。時間があるので、この旅で初めて出くわす〝大津方面〟の看板に従って歩いてみた。これからは整備された湖周道路横の歩道を歩く。思っていた通り単調な道で、車の通行も多い。所によっては真っ直ぐ先まで直線道路が続き、それを見ながら歩くのは辛い。自分の前の路面を見つめながら歩く他ない。この道はビワイチの自転車の人には良いかも知れないが、歩くには適さない道路だ。私は次からは自転車で行くのはどうかと考えてもみた。そんな話を友人にしたら長年乗っていない自転車に乗るのは結構怖いそうだ。まあ頑張って単調な道を歩くとするか。と覚悟をしていたのだが大津にちかづくにつれて何かと湖岸に設備が整い楽しんでいる人たちの姿を見たりして結果案外退屈しなかった。

２㎞も行かぬ内に娘の車と出会った。その後乗って来た妻と３人で食事をし、コーヒーをいただいて自宅に帰った。苦しかったが全てが満足な一日となった。ここまで病気持ちの私の身体を支えてくれた天に感謝したい気持ちで一杯だった。

歩き旅 26

11月18日(土)
26日目

白鳥川ーマイアミ浜

13,389歩

出発点はもう娘の家に近くなったので車で送ってもらう。

もう八割がたは来たかもしれぬ。三上山が見えてきた。

琵琶湖も南の方に差し掛かる。季節も進みすすきの穂が出ている。なぜか今年の穂はなんとなくきれいに見える。対岸には比叡山も見えて来て旅も終わりに近づきつつある。

今日は冬型の気圧配置で北の方は時雨れていて沖島の辺りに虹がかかった。

渡り鳥の第一陣だろうか水鳥の群れが少し荒れ気味の琵琶湖にぷかぷかと漂っている。周遊道路はその工事の時に植えられた松が育って立派な松林が続いていている。人家も休むところもなく歩き続けて草臥《くたび》れた頃に店があった。ドッグランカフェだった。早速飛び込んでコーヒーを飲んで娘に迎えに来てもらう電話を掛けた。

大津に近づき車が増えて喧しくなってきたのは予想通り致し方のない事だった。まだ自然を残している湖北や湖東が懐かしい。

歩き旅 27

11月23日（木）

27日目

マイアミ浜―佐川美術館

18,535歩

今日も娘に送ってもらいドッグカフェからスタート。

先ずはモーニングカフェを飲んでから。少し歩くとマイアミ浜の表示がある。私は仕事でアメリカのマイアミにも行ったことがあるがなんという連想なんだろう。でもいいか。

ここの松林にはテントを張って自然を楽しんでいる人たちが沢山いた。看板を見たらオートキャンプ場となっていて駐車場は有料だった。こういう所がもっと増えればいいのだが。

湖岸の緑地は大抵よく整備されているがほとんどがテント張りは禁止のようだ。

勿体ない。今日はよく晴れていて対岸に比良山がでんと聳えている。湖面は穏やかで陽が反射しキラキラと光っている。この辺りの岸辺には葦も残っていて絶好の越冬地なのだろう。渡り鳥が随分その数を増やし浮かんでいて、いよいよ冬もすぐそこだ。大津市が近くなって色々な施設が増えてくる。明太パークというのがある。博多明太の販売施設らしい。なぜ琵琶湖に明太なのかよく分からぬ。琵琶湖大橋の辺りはリゾートホテルが多くショッピングセンターもある。通り抜けようとしたら宝くじ売り場が目に入った。

早速購入したけど全部外れだった。琵琶湖大橋の取り付け道路は都会の交差点並みだ。信号を渡ると南湖（小琵琶湖）に入る。対岸の堅田は四日目で通ったから残りそれ以内に自宅に着く。

施設が増えて来て佐川美術館の前に出た。ここは平山郁夫氏の絵が多く展示されている。何度も来ているので今日は入らず入り口で携帯の椅子に座り娘の迎えを待った。毎回の事だが途中に休む椅子は無い。持ち歩いていて正解だ。

歩き旅 28

佐川美術館―琵琶湖博物館

11月26日（日）

28日目

16,105歩

朝支度をして靴を履いていていたら庭の木々がすっかり紅葉していた。今日はこの旅で初めて電車の駅からバスで湖岸に行き、帰りもバスで湖岸から駅まで行くことになる。朝は守山駅で降りて、佐川美術館行きのバスに乗る。事前に調べてなかったので1時間近く駅でバスを待つことになった。その間に駅前でラーメンを食べたが不味かった。また今朝はリュックを担ぐことを忘れてカメラだけを持って出た。軽くていいのだが、水分の持ち合わせがない。残りが少なくなって気が緩んでいる。いくら市街に近くなったとはいえ湖岸に自動販売機は無いので水のボトルを買って携行する。相変わらず湖面に浮かんでいる水鳥の群れを横に見て進む。湖岸の木々も対岸の比叡山の裾も紅葉して美しい。琵琶湖大橋も後ろに退き小さくなってきた。この時期でも水上バイクを楽しむ人たちがいる。ウエットスーツを着ていて寒くないのだろう。鴨もいっぱいいることだし。陸にはパラグライダーをする人もいる。どうもエンジンが付いているようだ。何と趣味も多彩になったことか。そして歩き続けている内に烏丸半島に着いた。ここには琵琶湖博物館があって淡水魚の水族館がある。が今日はその前にある広場で自転車のクロスカントリーレースをやっていたのでそれを見る。ちょっとした坂は自転車を担ぎ登っていく。しんどそうなレースだ。選手名をアナウンスしながら実況放送をしていた。何か名のある大会かも知れぬ。私は何も知らぬ。キッチンカーが何台も出ていてその一つでジュースを買った。

ここには定期バスの停留所があってアナウンスを聞き参加気分になって楽しくバスを待った。行く先は守山駅、来るとき乗った駅だった。

29 ～31 日目

ついに一周！
瀬田の唐橋へ

歩き旅 29

12月9日(土)

琵琶湖博物館—北山田

29日目

13,767歩

今日は今回初めて娘に出発点まで車で送ってもらいスタート。帰りも電話をして迎えに来てもらった。

今日の行程は単純で退屈なコースでないかと予想していたのだが、それは車で通った場合の事で、実際は何とも変化に富んだ場所で気分も良く歩くことができた。先ず今日の湖側には何か所も緑地公園があり、簡単に休む事もできる。近頃は公園内にテントを張る事も流行になり、色んな種類のテントが張られてなかなか興味深かった。それぞれのテントで犬連れであったり、食事を作って食べていたり、ぼうーと湖を見つめていたり、人さまざまで見ていて面白い。

又、湖は渡り鳥が群がっていてその数も半端ない。ある鳥たちは羽の中に頭を入れて眠りながらぷかぷか浮かんでいる。今琵琶湖は大渇水で水位が一（マイナス）75㎝になっている。そのため藻が水面に出ていて、周りが全て藻の御馳走の中に浮かんで食べ放題を楽しんでいる鳥もいる。また群れを作ってゆっくりと泳いでいたりと見ていて飽きが来ない。今日はずっと右側に琵琶湖とそれに浮かぶ水鳥と、対岸にそびえる比叡山を見ながら歩いた。美しい景色を見ながらの楽しい歩きだった。所々にある緑地帯では、思い思いに時を過ごす人たちをながめて、退屈する間もなかった。それだけ楽に歩く事ができたのだった。又大津に近くなり人に接する事も多くなり、半分以上は自転車、多数のジョギングする人たちと出会った。今日の終わりは北山田港で、残り2日で充分今回の旅を終える所にまでたどり着けた。

そして昨日私は誕生日を迎え八十六歳になった。

歩き旅 30

12月17日（日）

30日目

北山田―瀬田

11,595歩

残り二回となった。一日では無理だが二日掛けると余裕がある距離だ。北山田港まで娘に送ってもらって出発。相変わらず琵琶湖は鴨の大群が浮かんでいて空にはトンビが群れを成して飛んでいる。天気予報によると北の方では雪が降るそうで寒い。風が強く湖面も波立ち水も濁っている。比良山にも白く雪が見える。近所の袴腰山が見えてきた。イヲンモールの横を通りすぎて私の普段の生活圏に入ってきた。

琵琶湖漕艇場をスタート地点からゴールまでたどる。

そしてそこには一つの標識がある。

琵琶湖と瀬田川の境を示すものだ。
今踏んだ。
ついに琵琶湖を一周してしまった。

歩き旅 31

12月28日（木）

瀬田―自宅

31日目

12,723歩

いよいよ最後の日となった。なぜか、私はその最後の日を歩くのを少しためらっていた。

しかしながら少なくとも年内には実行すべきとは思っていた。そして今日、もうすぐ正月という暮れの一日家を出た。

夏の間は休んだとはいえ琵琶湖一周は一年間かかった。

普段は車でしか通らないが瀬田川沿いの遊歩道を通って瀬田の唐橋に近づく。

瀬田の唐橋は日本の歴史を知っている。

古代の白鳳時代には壬申の乱があり唐橋を挿んで戦った。

万葉の歌人も平安の貴族も戦国の武将も参勤交代の大名も遷都の明治天皇もそしてマラソンのアベベもこの橋を渡った。

琵琶湖から流れ出る川は瀬田川しか存在しない。その瀬田川に架かる東西をつなぐ橋は終戦まで瀬田の唐橋だけだった。

今では東海道新幹線をはじめ八本の鉄道道路橋が架かっていていかにこの辺りが東西をつなぐ要所であるかが分かる。

現在の形に近い唐橋は信長が最初に架けたらしい。

今も緩やかなそりがあって鉄筋コンクリートの橋になったもののその形は美しい。

擬宝珠《ぎぼし》は昔からのものが継承されている。

橋のたもとには何本もの石碑が立っていて中には風化して字の読めないものもある。

大橋と小橋を渡る。

遂に三十一日歩き続けた足跡が巨大な輪となり結ばれた。

ここからは行きの道と帰りの道が一つになる。

少し進むと琵琶湖周航の歌を作った第三高等学校の後身京都大学のボート部の艇庫の前を通る。

その少し先で私は瀬田川を離れ中学高校大学と十年通った懐かしい通学路を進んだ。道は当時とはすっかり変わったが古い建物もわずかに残っている。

そして石山寺の山門に着いた。

私はゆっくりと腰を下ろした。

七十年以上前は野球の練習の後、空腹で疲れ切った帰り道一息つきたくて腰を下ろしていた。

今豊かな時代になり私は年寄りになった。

周りの景色はあの時とすっかり変わった。

山門の石段に腰掛けているとさまざまな思い出がよみがえる。

真ん前にあった旅館は進駐軍に接収されていた時に焼けて無くなった。広場で催されていた盆踊りも絶えて久しい。

今となっては何もかも名残惜しい。
そして琵琶湖周辺の一つ一つの景色も。
ただ山門と仁王像は昔のまま静かにその姿を残している。
あと三日したら除夜の鐘が響くことだろう。
私は一時間以上も座ったまま感慨に耽っていた。
そしてついに自宅への最後の最後の歩みを始めるのだった。

完

附

琵琶湖周航の歌

1

われは湖《うみ》の子　さすらいの
旅にしあれば　しみじみと
昇る狭霧《さぎり》や　さざなみの
志賀の都よ　いざさらば

2

松は緑に　砂白き
雄松《おまつ》が里の　乙女子は
赤い椿の　森陰に
はかない恋に　泣くとかや

3

波のまにまに　漂《ただよ》えば
赤い泊火《とまりび》懐かしみ

4

行方定めぬ　波枕
今日は今津か　長浜か
瑠璃《るり》の花園　珊瑚《さんご》の宮
古い伝えの　竹生島《ちくぶじま》
仏の御手《みて》に　抱《いだ》かれて
眠れ乙女子　やすらけく

5

矢の根は深く　埋《うず》もれて
夏草繁《しげ》き　堀の跡
古城にひとり　佇《たたず》めば
比良《ひら》も伊吹も　夢のごと

6

西国十番　長命寺
汚《けが》れの現世《うつしよ》遠く去りて
黄金《こがね》の波に　いざ漕《こ》がん
語れ我が友　熱き心

あとがき

思い付きで始めた「歩いて琵琶湖を一周」する旅は31回目で終わりを迎えた。正月の1月4日から夏の間の休止を挟んで暮れの12月28日迄掛かった。その道はできるだけ琵琶湖の岸に沿って選んだ。西岸は琵琶湖沿いの歩道を歩くことも多く快適だった。湖北は主に車道沿いを歩いたが車が少なくそれなりに気持ち良かった。東岸は車道沿いを歩くことになったので少し味気ないところもあったが自分で寄り道を選んで興味深かった。一番感じていることは長年琵琶湖沿いに住みながら知らないことや新しい発見があった事だ。

一周歩いて回ってみてますます琵琶湖に愛着や憧憬が深まった。今や琵琶湖は私の一部のようにさえ思える。

最後になったがこの文を書くにあたって幻冬舎ルネッサンス編集部の皆さ

ま、植木茉衣瑚さん、酒井英人さんに大変お世話になった。皆様のご助力なしではこの書は出来なかっただろう。厚く感謝する。

２０２４年10月
原田　道雄

〈著者紹介〉
原田道雄（はらだ みちお）
1937年12月8日生まれ
京都大学　工学部冶金卒
京都大学　山岳部出身
野球は　阪神タイガース　ファン

テクテク　琵琶湖渚《びわこなぎさ》を一周《いっしゅう》してみたら

2025年3月21日　第1刷発行

著　者　　原田道雄
発行人　　久保田貴幸

発行元　　株式会社 幻冬舎メディアコンサルティング
〒151-0051　東京都渋谷区千駄ヶ谷4-9-7
電話　03-5411-6440（編集）

発売元　　株式会社 幻冬舎
〒151-0051　東京都渋谷区千駄ヶ谷4-9-7
電話　03-5411-6222（営業）

印刷・製本　中央精版印刷株式会社
装　丁　　野口 萌

検印廃止

Printed in Japan
ISBN 978-4-344-69220-6 C0095
幻冬舎メディアコンサルティングＨＰ
https://www.gentosha-mc.com/